E-commerce de Sucesso

COMO CRIAR E DESENVOLVER LOJAS VIRTUAIS QUE VENDEM

3ª EDIÇÃO – REVISTA E AMPLIADA

ELDES SAULLO

e-Commerce de Sucesso
Como Criar e Desenvolver Lojas Virtuais Que Vendem
Eldes Saullo

Design da Capa:
www.lanceumlivro.com/capas

Saullo, Eldes,
e-Commerce de Sucesso – Como criar e desenvolver lojas
virtuais que vendem - 3 ª Edição

Eldes Saullo – São Paulo, Casa do Escritor: 2016
ISBN: 978-1519008237

1. Computação 2. Comércio Eletrônico

Aos meus pais.

Aviso

Nenhuma parte desta obra poderá ser reproduzida por fotocópia, microfilme, processo fotomecânico ou eletrônico ou por qualquer tipo de armazenamento ou sistema, sem permissão expressa do autor.

Apesar de todas as formas de verificação feitas para checar as informações contidas neste e-book, não é responsabilidade do autor, nem do editor, quaisquer erros, omissões ou interpretações contrárias ao tema aqui contido.

Este livro é exclusivamente para entretenimento e não deve ser tomado como uma instrução ou comando. O leitor é responsável por suas próprias e exclusivas ações e compreensões. Os conselhos contidos neste livro são para adultos responsáveis, acima de 18 anos e não para menores de idade.

Nem o autor, nem o editor assumem quaisquer responsabilidades sobre quaisquer ações e resultados obtidos pelo leitor através da leitura deste material.

Quaisquer menções a indivíduos ou marcas são meramente ilustrativas.

Sumário

Introdução   1

Com que cara aparecer na frente do cliente?   3

Cada loja, uma vitrine   17

A visão compra pelos outros sentidos   23

Quem procura tem que achar   29

Coloque no carrinho e pague no caixa   35

Deixe o cliente passear a vontade   41

Personalize o relacionamento e venda mais   45

Bom atendimento traz bons clientes   49

Os quatro pontos cardeais de uma loja virtual   53

Planejando a loja virtual   71

Layout: hora de desenhar   79

Redação: bons textos vendem melhor   85

Navegar é preciso 91

Criatividade sem juros 97

Inverta a pirâmide para aumentar a persuasão 103

Foco no público-alvo 109

Tipologia também vende 117

Seja consistente na comunicação 123

Seja refinado na usabilidade 127

Seu cliente está satisfeito? 139

Pense sempre na finalidade 145

Promova-se! 149

Organização é a chave do sucesso 165

Tenha sempre uma novidade para contar 171

A produção de uma loja virtual 177

Não basta colocar no ar, tem que comunicar 199

E-mail marketing converte 205

Teste, teste e teste novamente! 209

Exercite 215

Conclusão 221

Sobre o Autor 225

Introdução

Este livro não é um conjunto de regras de webdesign e marketing de lojas virtuais. Qualquer tentativa de estabelecer ideias engessadas neste sentido, principalmente as que envolvem tecnologias, sites de referência e de exemplos, ficarão datadas rapidamente. Na era da velocidade da informação em que vivemos tudo muda em um clicar do mouse.

Basta ver a distância que separa o Boo.com – um dos principais cases negativos da história do comércio eletrônico - do Zappos.com – um dos grandes sucessos, do que era a Amazon e o que se tornou, de como eram construídos os sistemas e ferramentas de marketing que tínhamos antes e as que temos hoje em dia. Mas os conceitos do comércio são seculares, comprar e vender, saber se comunicar, transmitir credibilidade, satisfazer as necessidades do consumidor, atender bem, prestar um bom serviço.

Neste sentido, este livro pretende guiar webdesigners e webwriters que estão envolvidos na criação de lojas virtuais, gerentes de projetos que queiram se aprofundar nos processos e fases da implementação destas e até donos de lojas – seja em sua primeira viagem nas vendas online ou que já possuam experiência em "empreendimentos" online.

São informações que envolvem todas as etapas da criação e promoção de um e-commerce - brainstorming, arquitetura, webdesign, webwriting e webmarketing.

Não se trata de um livro de tecnologia, de programação, mas de conteúdo e arquitetura focados no principal fim de uma loja virtual: vender.

As dicas que se seguem, foram reunidas em quinze anos de serviços prestados para lojas virtuais de clientes como Xerox do Brasil, Amsterdam Sauer, Winestore, Dermage e outras dezenas de e-commerces criados pela Brainter, agência Web fundada em 1997 e que deixei em 2014 para me dedicar aos livros.

Comecemos, então, pela apresentação da sua loja diante do cliente.

Com que cara aparecer na frente do cliente?

Ao entrar em uma loja na rua ou em um shopping, produtos, comunicação, disposição de gôndolas e prateleiras, tudo é disposto da melhor forma para atrair clientes e persuadi-los a comprar. Desde a vitrine, decorada por profissionais especializados no assunto, passando pelas placas de sinalização no interior da loja, cartazes promocionais ou de liquidação, até os vendedores - na maioria das vezes, pessoas sorridentes, solícitas e bem vestidas - o foco não poderia ser outro: vender.

Com a loja virtual não é diferente. Assim como no mundo de tijolo e cimento, onde existem lojas que não investem em identidade visual, facilidade de compra e, até mesmo, na qualidade do serviço, no mundo online também existem diversas "lojinhas" que mais se parecem com barracas de ambulantes. Parecem um amontoado de produtos empilhados. São pobres na comunicação e parecem ter um vendedor mal humorado atrás do balcão, tentando empurrar produtos de má qualidade para qualquer um que ouse passar em frente. Algumas até comercializam bons produtos, no entanto pecam no layout, na logística ou em algum ponto que acaba comprometendo a credibilidade e a confiança do consumidor.

No mundo de carne e osso, o processo de compra é mais demorado e trabalhoso, com deslocamentos, buscas feitas através de telefonemas, visitas *in loco*, porém, ao comprar, na grande maioria das vezes, o cliente leva o produto na hora. No mercado dos bits, a aquisição é feita em poucos minutos, às vezes segundos, casos das compras em um clique da Amazon, por exemplo, porém o cliente só irá receber seu livro, eletroeletrônico, camisa do clube do coração, garrafa de vinho, algum tempo depois.

Os estabelecimentos comerciais profissionais sabem que a qualidade do design, a disposição de estantes e bancadas e até a posição estratégica do caixa, tudo contribui para que a venda seja efetuada, se possível, em cada vez menos tempo. O que não dá para entender é que, mesmo alguns negócios que se preocupam com essas variáveis na loja física, não as implementem na loja virtual. Mostram produtos de forma inadequada, apresentam categorias desorganizadas, pouca ou nenhuma sinalização e trazem problemas de sistema que impedem o cliente de passear de forma suave dentro do ambiente, selecionar o que for de seu interesse e, pior, até mesmo pagar sem transtornos.

Um e-commerce bem desenhado facilita o acesso às informações, subsídio mais importante para o cliente que não pode tocar e experimentar o produto. Cada vez mais, a Internet nos disponibiliza ferramentas - algumas até gratuitas - que melhoram o desempenho de parte ou do processo de compram como um todo. Não é preciso ressaltar que, tão importante quanto sinalizar os caminhos, é mostrar quão seguro e confiável é o processo de compra. Afinal, são dados pessoais e o número do cartão de crédito do cliente que está em transito. Se ele tiver alguma dúvida ou encontrar qualquer entrave que o impeça de seguir adiante, se seu atendimento online não estiver preparado para ajudá-lo naquele momento ou der um erro no momento em que clicar no botão "Pagar", ele vai buscar quem o atenda melhor ou preste um serviço mais confiável.

Outro ponto inconcebível é a ausência ou a inconsistência de comunicação e no design. A interface com o consumidor digital precisa ter o perfil dos melhores vendedores: bem vestido, com o uniforme impecável ostentando a logomarca e as cores da empresa, pronto a dar o melhor atendimento e disposto a resolver qualquer dúvida ou problema que o cliente encontre pelo caminho. Caso contrário, ele dá meia volta, pega a cyber-avenida e vai procurar em outro lugar, na concorrência.

A homepage é a vitrine de todo e-commerce, isto é óbvio e, com o mesmo objetivo, deve ser capaz de causar impacto suficiente para despertar, no mínimo, a curiosidade do visitante para transformá-lo, quem sabe, em um prospect e, se tudo transcorrer bem, em um cliente satisfeito.

O comerciante virtual não pode pecar na criação da área mais importante de sua loja e, mesmo com a profusão de belos templates, cases e mais cases de design disponíveis por aí, ainda assim encontramos exemplares que parecem ter sido construídos na pré-história da Web. Outras são pouco persuasivas. Uma loja de produtos eletrônicos, por exemplo, pode colocar pessoas junto aos produtos como forma de humanizar um ambiente tecnológico e frio.

De acordo com pesquisas de associações comerciais - a vitrine de vidro e manequins motiva, em média, 25% das vendas. A vitrine online converte muito mais. Afinal, à distância, pelo menos a conceitual, entre os produtos e o consumidor não passa de alguns cliques.

Uma boa e-vitrine deve ser construída, a princípio, com base em dois requisitos: visibilidade e atratividade. A posição dos produtos dentro da área de visão, adequação à resolução da tela do monitor e o enquadramento baseado em estudos do movimento dos olhos do usuário são fatores preponderantes do quesito visibilidade. Destaques com promoções, produtos ou pacotes com descontos, frete grátis, parcelamento e outras facilidades devem atrair o visitante que chega em um transe de navegação.

O design da homepage precisa ser um convite agradável à visita, principalmente se esta for a primeira vez que ele acessa a loja. O ditado que diz que "a primeira impressão é a que fica" é perfeito para descrever este *"page-view"*, pois, o que se vende, antes mesmo de qualquer compra, é credibilidade. Para isto, a vitrine online deve ser planejada para causar impacto e gerar interesse, o passo número um para que a visita resulte em uma venda.

O designer de loja deve concentrar seus esforços para tornar a homepage vendedora, mostrar produtos de maneira interessante e, se possível, surpreendentes. Formas, cores, tipos e arejamento são as armas do webdesigner para alcançar esse objetivo. Textos criativos e persuasivos são as armas do redator.

O que você seleciona para exposição ou promoção no destaque principal é extremamente importante para capturar a atenção do prospecto. Pelo menos na primeira visita. Se você já o conhece, seja depois de um login, *cookie* ou qualquer outra ferramenta de identificação, pode montar a vitrine de acordo com seu perfil, o que raros e-commerces fazem, mesmo com toda tecnologia disponível nos dias de hoje.

Uma grande loja de departamentos ou de ofertas de ocasião pode ter diversos produtos expostos na página de entrada. Mas quem trabalha com clientes de forma mais seletiva, deve mostrar poucos produtos e buscar meios de valorizá-los e personaliza-los ao máximo. Mas não se deve esquecer que o foco principal, a estrela em exposição, é o produto, e não os fios, formas e detalhes para enfeitá-los, a não ser que você esteja buscando fazer branding, caso de pouquíssimos e-commerces, como as lojas de moda. Se o produto em si for bem atraente, uma imagem limpa vende melhor que qualquer enfeite de bolo ao redor.

A principal área da homepage é o miolo central superior. Sua mensagem principal deve estar dentro deste campo de visão, deixando as laterais e a parte inferior para barras de navegação e outras informações de menor destaque e outros produtos.

Se o produto vendido tem características que mereçam destaque, descubra um meio de apresentá-las de cara, seja em um detalhe facilmente ampliável ou até mesmo utilizando recursos como animações ou vídeos, para mostrar o objeto em todas as suas dimensões. Um estudo do *e-Tailing Group* mostrou que mais da metade dos compradores se sentem seguros em comprar após assistir vídeos sobre as lojas, fabricantes ou produtos.

Outro requisito que deve ser destacado é a atualização. O tempo de vida da vitrine virtual é muito curto. O impacto da primeira visita, pode até continuar causando boa impressão na segunda, mas na terceira vira parte da paisagem. Utilizar cookies para identificar os clientes que retornam e customizar a home a cada visita é o modelo mais eficiente. No entanto, o que mais se vê é a randomização de diferentes destaques, sem personalização.

Clientes com interesses mais abrangentes costumam visitar mais vezes os lugares onde sabem que vão encontrar boas sugestões, inclusive adicionando a URL aos seus favoritos ou se inscrevendo em newsletters.

Para ajudar na criação e rotatividade da home, crie um calendário promocional para sua home. Eventos e datas comemorativas, como festas tradicionais – Dia das Mães, Dia dos Namorados, Natal, Réveillon – as estações do ano (caso das lojas de roupas), campanhas de lançamentos de um novo produto e até um destaque personalizado com uma chamada pelo nome e, se possível, pelo gênero. Por exemplo:

"Olá, Simone. Que bom tê-la de volta em nossa loja. Nós recomendamos para você..."

Isto também pode ser feito com os destaques relacionados a liquidações, corte de preços, queima de estoque ou promoções de aniversário. Com mais planejamento, sua vitrine ficará muito mais interessante.

Pensar na organização das áreas da e-vitrine é a base do processo criativo. O webdesign er deve estudar a distribuição entre exposição de produtos, área destinada à navegação e serviços. Estes fatores são influenciados pelos tipos de produtos comercializados e pela abrangência do público-alvo.

Porém, como em uma loja física, o objetivo deve ser expor ao máximo e da melhor forma possível os produtos. Deixe os serviços em áreas menos nobres, propicie uma navegação clara e trabalhe sempre em função do que se pretende vender. O foco do pensamento deve ser na persuasão e, para isto, é preciso se concentrar no único sentido disponível do cliente, por enquanto, no e-commerce: a visão.

Quando queremos comprar alguma coisa, colocamos todos os nossos sentidos a postos no intuito de formarmos nossa opinião sobre o objeto. Nosso cérebro faz muitas perguntas antes de efetuarmos qualquer compra. Olhamos o produto por diversos ângulos, lemos o que está escrito na embalagem, tocamos - se o vendedor permitir - identificamos se o objeto emite algum som, ou mesmo ouvimos os argumentos de venda. Sentimos seu cheiro - o do produto, não o do vendedor - e, às vezes, até provamos uma amostra. Este processo varia de acordo com o produto.

Existem diversos estudos sobre os melhores produtos para se vender online. Em síntese, quanto menor a necessidade deste ser fisicamente visto, experimentado ou tocado antes da decisão de compra, mais ele se encaixa no perfil de "e-comercializável". Porém, não tome isto como uma regra, já que, para vender qualquer coisa, basta ter o produto e entregar. Na teoria, se o produto deve ser visto, experimentado ou tocado, ele tem menos probabilidade de ser vendido online. No mínimo, exige argumentos mais poderosos para ser comprado.

Uma loja de joias só entrega produtos com seguro contra roubo, uma loja de vinhos mostra comentários de degustadores, lista prêmios e garantias se a transportadora quebrar a garrafa na entrega, uma loja de roupas troca a mercadoria sem fazer perguntas se a mesma não vestir como a cliente tinha imaginado. Se o comprador deseja ver, tocar ou experimentar o produto, caso dos listados acima, é preciso ter um discurso forte e consistente. Se não há necessidade nenhuma das ações acima, o produto foi feito para ser vendido online.

Isto não quer dizer que você não possa vender perfumes ou doces pela Internet. Mas vai ter que fazer um esforço muito maior para emular sensações ligadas ao olfato e ao paladar na forma de uma imagem ou texto.

Ou seja, é preciso estimular, despertar o interesse e o desejo do possível cliente, mas isto, repito, não é uma regra. Roupas têm sido os itens mais vendidos pela web nos Estados Unidos, onde a numeração baseada em tamanhos padronizados ajuda muito. O brasileiro já compra mais itens de moda e acessórios do que há pouco tempo atrás.

Existem também os *"mezzo-commerce"*, caso dos restaurantes *delivery*. A versão digital do restaurante não deve ter como base de comunicação a venda online de pratos e bebidas, mas no *apetite-appeal*, ou seja, em argumentos e imagens que abram o apetite do consumidor.

Fazer com que ele sinta uma vontade incontrolável de experimentar seu tempero, para que preencha o formulário de pedidos ou pegue o telefone para encomendar ou – dependendo do caso e da distância – até mesmo que vá visitá-lo pessoalmente. Ao invés de listar friamente os itens do menu, talvez você possa criar uma história para cada receita, descrever detalhes de seus ingredientes e preparo ou falar de sua origem. Humanos adoram histórias.

Recheie a página com fotos extremamente apetitosas e bem produzidas. Ao contrário de uma passagem aérea, que você não precisa cheirar, provar, ouvir nem mesmo ver para comprar pela Internet, os produtos que precisam ser fisicamente vistos, experimentados e tocados devem ser apresentados sempre com o objetivo de despertar o desejo. Fale com mais de um sentido do comprador.

Para vender um perfume online, pode-se tentar emular um ambiente que remeta o internauta às principais características que compõem sua essência. Cerque-o com imagens de flores ou substâncias, ou inclua um conto com uma boa dose de sedução para ressaltar seus poderes afrodisíacos. O visual, e nele estão contidas as palavras que devem ser lidas, precisará valer pelo cheiro, pelo toque, pelo gosto ou audição.

Resumindo, para produtos com maior potencial de vendas online, como um software, por exemplo, basta que a informação dos benefícios satisfaçam. Em alguns casos, não é preciso nem mesmo mostrar uma imagem. Para produtos com menor potencial, é necessário trabalhar para que a informação sobre as características satisfaça os principais sentidos que o cliente usaria tradicionalmente para comprá-los. Com relação aos produtos, podemos distribuí-los em:

- Produtos voltados para a necessidade básica, os quais requerem maiores esforços para que se tornem atrativos.

- Produtos hedonistas, cujo prazer vem do consumo imediato, como comidas e bebidas, ou mesmo ligados à cultura, como livros e música.

- Produtos para o público maduro, como bebidas alcoólicas finas, charutos, isqueiros, iguarias importadas.

- Produtos que denotam prestígio - como automóveis, eletrodomésticos, eletrônicos, obras de arte - geralmente relacionados ao status social do consumidor, como cartões de crédito e viagens.

- Produtos para aliviar a tensão, em geral, similares a produtos de prestígio com preços mais baixos para públicos de menor poder aquisitivo, ansiosos por status.

Para cada categoria acima, existem modelos que reforçam tais características. Escolha um tipo de produto e navegue por diversas lojas que o vendem. Você verá que existem elementos que reforçam essas características em cada tipo de produtos. Liste-os e pense em imagens que traduzam estas características e que podem ilustrar um destaque ou até mesmo amarrar o design como um todo. Por exemplo, uma loja de vinhos pode trazer o detalhe de uma videira por todas as páginas.

Outro ponto importante para você pensar: o homem já passou pela fase extrativista, da industrialização e dos serviços. Hoje, valoriza muito as experiências. Que tipo de experiência sonora, auditiva, imersiva você pode incluir para que o prospecto tenha uma percepção mais concreta dos benefícios que irá obter com o produto?

Principais Aprendizados

- Cuide da apresentação da sua loja em todos os aspectos: arquitetura, design, redação, navegação.

- Personalize sua homepage para ser mais efetivo na comunicação e persuadir seus prospectos e clientes.

- Emule outros sentidos através da visão para capturar a atenção do cliente, especialmente na venda de produtos que não são facilmente vendáveis pela Internet.

- Crie experiências imersivas de alto nível para convencer seu prospecto a se tornar um cliente.

No próximo capítulo, vamos entrar mais a fundo na questão das vitrines.

Cada loja,
uma vitrine

Para se criar uma bela vitrine é preciso levar em conta muitos fatores indispensáveis para não fazer parte apenas da paisagem. Estética, perspectiva comercial, cenário, iluminação, cores, originalidade e imaginação são alguns deles. Para se criar uma bela homepage, devemos estudar a conceituação de acordo com o tipo de produto, formatos e resoluções de tela, movimento dos olhos do usuário, emprego de fontes, fios, botões, cores e outros artifícios de "embelezamento". O design é um fator decisivo para o sucesso de vendas. Em alguns casos, tanto ou mais que o próprio produto. Uma vitrine bem construída chama a atenção e passa ao cliente informações conscientes e subconscientes sobre o tipo do estabelecimento, sua cultura, o público que o frequenta e seu posicionamento.

A conceituação da homepage de uma loja virtual talvez seja a parte mais importante do projeto. Uma página clean - com grandes espaços vazios - é recomendada para produtos mais estilizados, pois os enaltece. Se o conceito deve ou não se estender às páginas internas, depende do posicionamento que se quer alcançar ou da profundidade do que se quer promover. O designer deve pesar o que é mais importante para o cliente: produto ou marca. Se o objetivo é vender, o visual produto é mais importante no design. Se o objetivo é realmente vender, os benefícios do produto devem se sobressair no texto.

Se o que vale é o prestígio da marca, o trabalho de elaboração deve levar em conta a integração o posicionamento de comunicação da empresa. Se o motivo é uma data comemorativa especial, deve-se tomar cuidado para que a mensagem não fique no lugar comum e tentar fugir das saídas convencionais. Criar uma homepage natalina, combinando figuras conhecidas de todos como Papai Noel, árvores, presentes e Estrela de Belém, é muito mais difícil do que sobre um tema livre.

Nas lojas de moda, o universo das vitrines é comumente dividido em quatro estações cromáticas que ditam os rumos e os tons, conforme a época do ano. No verão predominam os tons de amarelo, laranja, verde água e azul claro, e também as tradicionais cores do Natal, o verde e o vermelho. No outono, os tons são mais próximos dos tons de terra e seus dégradés. No inverno, predominam os azuis escuros, além de outros azuis. Na primavera, os tons pastéis, em especial azuis e rosas, são mais usados. O preto e o branco são comuns em todas as épocas.

Pense nos seguintes pontos antes de criar sua vitrine: escolha de cores, conceito principal da marca, seleção e diagramação dos produtos na página e arejamento. Errar a mão em um destes itens pode comprometer a harmonia de todo o trabalho e, o que é pior, comprometer as vendas.

Organização é uma das palavras-chave que deve guiar qualquer loja virtual, real, grande ou pequena. Imagine um supermercado sem as seções por gêneros, onde produtos de limpeza dividem a mesma gôndola das massas e dos legumes. Ou ainda uma loja onde, a cada dia, o dono muda de lugar as estantes de exposição de produtos. Provavelmente, fechariam as portas em pouco tempo.

A organização em uma loja virtual é construída sobre três variáveis:

1. Sinalização

Sinalização significa placas indicativas de seções, cartelas de subseções e setas que direcionam o fluxo de clientes dentro da loja, através das gôndolas, em direção ao caixa ou ao pessoal de apoio.

A loja virtual deve seguir este preceito como um hino, seja qual for seu tamanho. Um catálogo estruturado facilita a busca de produtos específicos: livros de História do Brasil na seção História, de Fotografia em Artes, e por aí vai, são exemplos de organização de catálogos. A loja virtual tem uma vantagem sobre a real neste quesito. Na loja de tijolo e cimento, se um cliente retira um dos produtos da gôndola e o deixa fora, é preciso um funcionário pegar o produto e recolocá-lo no lugar correto.

A palavra inglesa *"browse"* corresponde ao nosso "dar uma olhada". Quem já visitou um sebo, sabe o que representa dar uma olhada em livros de todos os tipos e gêneros, amontoados sobre bancadas sem qualquer identificação. Caso o sujeito não seja paciente ou não tenha tempo de sobra para garimpar o que lhe interessa, arruma um jeito de dar o fora rápido. Lembre-se que o tempo do cliente é muito valioso.

2. Similaridade

Um exemplo em uma loja de música. Os discos de *heavy metal* podem ter mais apelo se ficarem próximos aos discos de Rock Progressivo, do que de Baladas Românticas, dentro da seção Rock'n'Roll. O objetivo é transformar um comprador que busca um assunto específico em comprador de assuntos similares ou relacionados. Um dos recursos mais poderosos de vendas online é a sugestão de produtos correlatos.

Quando um consumidor encontra ou procura por determinado produto, a sugestão de outros produtos para o mesmo perfil de cliente é fator determinante de novas vendas. Ele tem um interesse, a loja multiplica este interesse com ofertas que se encaixam em seu perfil, lista de compras feitas por pessoas com o mesmo interesse ou avaliações especializadas de produtos relativos. São soluções digitais que ajudam a aumentar o ticket médio da loja.

3. Locomoção:

Qualquer loja que se preze mantém um espaço decente para o trânsito dos consumidores entre seções e produtos. Garantir a liberdade de locomoção é garantir a tranquilidade do cliente. Afinal, ninguém gosta de passar aperto.

Na loja virtual locomoção quer dizer navegação ou equilíbrio entre todas as áreas que compõem o ambiente: exposição de produtos, menus de navegação e apresentação de serviços. Significa clareza para seguir em frente e continuar comprando, retornar à seção anterior do catálogo, voltar ao topo da página e navegar em páginas arejadas. Significa cores harmônicas e leves, que não agridam os olhos do cliente e o motivem a sair correndo.

Resumindo, se seu catálogo é bem sinalizado, apresenta sugestões de produtos através da disponibilização de acordo com perfis de usuários e é fácil de navegar, você já deu um largo passo rumo à multiplicação das vendas.

Principais Aprendizados

- A criação e atualização da vitrine de uma loja virtual é uma das etapas mais sensíveis de uma loja virtual. Seja harmônico e persuasivo.

- A organização de uma loja tem como premissas uma boa sinalização, recomendações de produtos por similaridade (de produto e de compras de outros consumidores) e a locomoção, que na linguagem Web significa navegação e usabilidade.

No próximo capítulo, mais dicas para persuadir seu cliente na página do produto.

A visão compra pelos outros sentidos

O que faz um produto vender? A primeira resposta talvez seja a necessidade. Em seguida, a credibilidade do produtor. Produtos e marcas desconhecidos têm um caminho maior a percorrer até a conquista da tal credibilidade. Os que não são lançados por grandes investimentos de marketing, procuram se diferenciar através de embalagens, funcionalidades ou rótulos inovadores.

Antes de colocar um produto à venda na Web, é importante para o criador do website se aprofundar nas estratégias de marketing deste produto. Uma conversa com o gerente de produtos, pode ajudar na hora de apresentar as informações de forma atraente para o consumidor.

O que precisa ser valorizado? Um benefício, uma característica, um detalhe técnico? Afinal, o gerente de produto detém as informações importantes - sejam elas técnicas ou "marqueteiras" - que farão a diferença durante o processo de compra. Cada informação será pertinente ou não durante as várias fases deste processo que envolve emoção e psicologia. Veja bem: em primeiro lugar, o consumidor toma consciência de que necessita do produto, por pura necessidade ou por ansiedade. Que informação tem o poder de despertar esse desejo ou dependência? Em seguida, ele parte em busca de informações sobre o produto, passa a reunir dados que contribuam para o processo de decisão de compra.

Neste momento, as informações relativas à marca e aos serviços agregados é que conquistam. Em seguida, na maior parte das vezes, ele faz uma avaliação das alternativas. Hora de mostrar os diferenciais do produto diante dos concorrentes, avaliações de outros consumidores e preço. Enfim, o consumidor termina o processo decidindo-se pela compra. Que tal ressaltar novamente seu maior benefício? No final do processo, ele avalia se suas decisões foram ou não acertadas.

O marketing apresenta soluções que têm o poder de construir ou destruir o intrincado relacionamento entre comprador e vendedor.

Portanto, é fundamental que o produto seja apresentado com a melhor qualidade possível nas fotos, nos vídeo e nos textos que descrevem suas informações técnicas, características que o diferenciam dos demais e, principalmente, o que o cliente ganha ao comprá-lo. Tente responder esta pergunta no topo da página:

"Por que o cliente deve se importar com o produto?"

E a resposta a esta pergunta está diretamente ligada aos benefícios que o cliente vai obter ao adquiri-lo.

Em seguida, liste as características do produto, ou seja, informe o que o cliente está comprando.

E, por último, deixe muito claro como ele pode fazer isto, através das informações comerciais: preço, descontos, promoções, frete, prazo de entrega, por exemplo.

Esteja certo que, quanto mais emoções a apresentação do produto trazer, mais próximo do objetivo de vender ela estará. Porque toda venda se trata de um processo emocional e que envolve confiança. Se o vendedor cuida bem do cliente, o cliente comprará dele. Se ficar satisfeito retorna, caso contrário, *"hasta la vista"*.

O segredo, então, está em cuidar bem do seu cliente em todas as etapas da compra, em todas as páginas do site, ensiná-lo sobre o produto o tanto quanto ele achar necessário, apresentá-lo de forma agradável e não intrusiva e mostrar como quem já comprou está feliz e satisfeito com a aquisição. Quanto mais informações que satisfaçam os desejos e respondam as dúvidas estiverem disponíveis, melhor. Quando estou comprando um produto de informática, por exemplo, fujo das lojas que economizam nos detalhes técnicos. A forma de disponibilizá-las é tão ou mais importante quanto o conteúdo. Abas que se abrem e fecham com um clique ajudam a organizar o espaço.

Desta maneira, a loja satisfaz o cliente expert, que sabe muito bem o que quer e vai direto ao ponto, fazendo com que ele encontre a informação desejada com rapidez, e satisfaz o cliente novato, que pode necessitar de mais subsídios para conhecer e comprar o produto.

A combinação de qualidade do conteúdo, da redação, com a forma com que é exposto, o design, aliadas à facilidade de navegação, são os pilares para a concretização do processo de compra na Internet.

Considere o uso de vídeos para demonstrar produtos, pois eles têm grande poder de persuasão desde que sejam curtos, diretos ao ponto e bem produzidos.

Principais Aprendizados

- Valorize os principais benefícios do seu produto e tente agregar informações que ampliem a credibilidade.

- Em cada página de produto, comece respondendo por que o cliente deve se importar com o produto. Exalte os benefícios.

- Em seguida, liste detalhes as caraterísticas do produto. Use abas que abrem e fecham para organizar as informações na página.

- Ressalte as facilidades do processo de compra e mostre como é simples comprar e receber o produto em pouco tempo.

No próximo capítulo, vamos falar sobre buscas.

Quem procura tem que achar

Para procurar um produto dentro de uma loja existem duas formas: ou você passeia com seus olhos por entre estantes e prateleiras ou pede ajuda a um vendedor. Isto se ele não se prontificar a resolver seu problema antes que você o solicite. De qualquer jeito, ou você sabe exatamente o que quer - entra, procura e acha com suas próprias habilidades - ou pede a mãozinha do funcionário que já conhece as gôndolas de cor.

Na Web, é bem mais fácil. Você pode navegar pelo catálogo e suas subdivisões ou fazer uma busca por palavra-chave. Uma busca por um produto na Internet pode começar de diversas formas. Desde uma ferramenta de busca até um banner estrategicamente posicionado em outros websites. Cada lâmina de apresentação de produto deve possuir META TAGS com palavras-chave específicas. META TAGS são informações lidas pelos mecanismos de buscas, como o

Google, para indexar e apresentar resultados de buscas mais eficientes. Ficam escondidas no topo do código HTML de cada página.

As principais META TAGS são:

- **TITLE:** O título da página, que deve trazer o nome do produto

- **DESCRIPTION:** A descrição do que a página apresenta. Inclua o principal benefício do produto nesta META TAG.

- **KEYWORDS:** As palavras-chave. Liste de cinco a sete palavras relativas ao produto buscado.

Com o advento do compartilhamento social, é importante também trabalhar uma imagem que se adeque à postagem da página nas redes sociais.

Se o cliente vem através do banner e este tem um apelo de varejo – produto, preço e compre - o melhor caminho é levá-lo direto para a lâmina, ao invés de redirecioná-lo para homepage. Como já dito, buscadores, comparadores de preços e compartilhamentos redirecionam muito mais para a página de produto ou categoria de produto do que para a homepage.

Dentro da loja, o visitante deve ter acesso a várias opções de busca. Pode abrir seções e subseções do catálogo – página a página ou através de menus drop-down – ou pelo "combo" de busca. Um combo de busca é o conjunto de tipos de busca que a loja disponibiliza para o cliente perdido. Por exemplo, uma loja de vinhos pode ter combos com categorias (branco, tinto, espumantes etc) e tipos de uva (Cabernet Sauvignon, Pinot Noir, Malbec etc).

Os mecanismos de busca podem contemplar departamentos ou categorias de produtos, faixas de preço, hierarquia, ordem alfabética, buscas mais complexas com expressões *booleanas* ou parametrizadas, e a tradicional palavra-chave.

Prover ao menos um destes tipos é básico. Tornar o combo de busca fácil e inteligível, através de respostas rápidas e sinalização, é o que vale. Apesar de muito dos aspectos da busca estarem relacionados à parte tecnológica, com variáveis que vão da abrangência à precisão das respostas, o design é peça importante na hora de montar as opções, trazer o que foi encontrado e permitir a navegação entre as páginas retornadas.

"Como mostrar da melhor forma possível os resultados de busca?" é a pergunta que deve ser feita. Se, como buscar e retornar respostas é um trabalho pesado de análise e modelagem de dados, apresentá-las é tarefa que requer estudos de posicionamento e detalhamento das informações, além da sinalização e composição dos menus de navegação ou incentivo a novas buscas e sugestões, caso o que se busca não seja encontrado.

A busca deve ser fácil para usuários com diferentes níveis de expertise e motivação. Quanto mais formatos e caminhos você colocar para que ele chegue ao produto desejado, mais rápido irá vender.

Os caminhos podem ser por categoria de produtos, por palavra-chave, por faixa de preço, por produtos em oferta, por imagens ou arquivos multimídia, por ordem hierárquica, por funcionalidade ou subsegmento. Os formatos podem permitir a busca simples de uma expressão, buscas parametrizadas que retornam comparações e a utilização de expressões booleanas (e, +, -).

Organizar os formulários - caixas de textos, *check-boxes* e *radio-buttons*, menus *Select* e botões de envio – exige paciência e estudos de diagramação. Disponibilizar o combo de busca e um sistema de chat para atendimento em tempo real em qualquer momento do website é como colocar um funcionário por perto na hora de qualquer solicitação do cliente. No caso de páginas muito longas, a busca deve estar no cabeçalho e no final da página.

Uma boa dica para os retornos de busca é a sugestão de produtos correlatos. Se não retornou nada, mostre produtos que podem resolver o problema. Se retornou algum produto, mostre produtos similares ou que são comprados por outros clientes que compraram o que está em exibição. Ferramentas para que o usuário compare os produtos encontrados também ajudam no processo de decisão, aumentando o leque de informações necessárias à finalização da compra.

Principais Aprendizados

- Facilite a busca por produtos na sua loja através da navegação fluida pelo catálogo e por ferramentas completas de busca, como os combos de busca.

- Nos resultados de busca, organize as informações, facilite novas buscas e apresente sugestões e recomendações de produtos.

No próximo capítulo, vamos mergulhar no carrinho de compras.

Coloque no carrinho e pague no caixa

O posicionamento do caixa nas lojas de tijolo e cimento tem muita relação com o tipo de estabelecimento, o que inclui o perfil da gerência. Se a loja é muito pequena, não há muito espaço para vendedores e o dono assume a função de balconista e caixa. Lojas maiores requerem vendedores distribuídos para auxiliar os clientes. Em ambos os casos, a posição do caixa é estratégica para o controle do tráfego de clientes e até para a segurança da loja.

O tamanho do ambiente também influi na maneira do cliente conduzir o produto até o caixa. Ele pode carregar nas mãos ou com o auxílio de cestas ou carrinhos de compras. Desta forma, acesso ao carrinho ou às cestas de compras e a direção do caixa devem ser bem sinalizados.

Na loja online não é diferente. O cliente pode incluir o produto que desejar no carrinho, como se estivesse passeando pelas gôndolas de um supermercado. E pode desejar pagar a qualquer segundo.

Por isto, carrinho e caixa devem estar sempre visíveis em qualquer parte do ambiente. A nomenclatura varia de loja para loja:

CAIXA

- Ir para o caixa

- Fechar ou finalizar pedido

- Fechar ou finalizar compra

- Pagar

- Comprar

- Caixa

CARRINHO / CESTA

- Colocar no carrinho ou cesta

- Pagar produto

- Inserir no carrinho ou cesta

- Selecionar produto

- Carrinho ou cesta de compras

Utilizar comandos que incentivem a ação ou "Call-To-Action" como "Colocar no carrinho" ou "Finalizar Compra" é melhor que "Carrinho de Compras" ou "Caixa".

Alguns estudos de persuasão em páginas de vendas inclusive recomendam que você transforme os botões em algo pessoal do tipo: "Quero incluir no meu carrinho!" ou "Quero comprar este produto!"

Um carrinho de compras simples contém os produtos que o cliente selecionou, a quantidade e o valor da compra até o momento. E, naturalmente, botões para continuar a compra, recalcular valores de acordo com a quantidade e para excluir produtos da cesta. O carrinho mais completo apresenta sugestões de novos produtos, cálculo de preços após a informação de frete, cupons de desconto e outras funcionalidades. É o que chamamos de cesta inteligente, que ainda pode contar com o auxílio de vendedores online no caso de dúvidas ou problemas. Tudo para que o cliente não abandone o processo antes de concretizar a compra.

Um estudo na Juniper Communications diz que 70% dos clientes não completam suas compras online. Os motivos vão desde a simples desistência até o mau funcionamento dos sistemas.

Vamos ao básico: os botões de "Colocar no Carrinho" e "Finalizar Compra" devem estar sempre visíveis em local de destaque, de preferência no cabeçalho. Utilize ícones de fácil reconhecimento ou o comando escrito. Ambos podem aparecer em um box especial, em conjunto com o botão da página do usuário, se a loja permitira a personalização.

No mundo real, clientes conhecidos têm facilidade de crédito, às vezes acumulando compras e pagando tudo no final do mês. Como a compra por cartão de crédito funciona mais ou menos dentro deste formato, um sistema de compra rápido pode facilitar e muito a vida dos clientes que retornam.

Um exemplo é o *OneClick* da Amazon.com. A loja já sabe quem é o cliente, onde ele quer receber o produto, de que forma vai pagar e qual o meio da entrega. Com apenas um clique, a compra é concluída. É como o caixa rápido do supermercado, sem o inconveniente de ter que digitar a senha do cartão ou assinar cheque. A compra em um clique funciona muito bem para produtos digitais, como e-books.

Na primeira compra ou nos sistemas passo a passo, no mínimo quatro telas são necessárias para concluir o pedido: o carrinho com a confirmação dos valores, o formulário de solicitação dos dados do cliente, a escolha da forma de pagamento e a confirmação do pedido. Em alguns casos, estes passos são subdivididos, com telas separadas para frete, endereço de entrega, definição se o produto é um presente ou não etc. Quanto menos passos, melhor. Algumas lojas utilizam até recursos como JavaScript para carregar as divisões na mesma tela, com formulários grandes e que tornam o processo fluído e suave. O essencial é sinalizar. E a sinalização do processo de fechamento de compra varia de loja para loja.

Algumas disponibilizam uma sequência numérica, dizendo em que passo o consumidor está e quantos faltam para completar a compra. Outras mostram mapas, setas, letras etc. Tudo para que o consumidor chegue ao momento supremo da transação: a confirmação do pedido. É quando todos os componentes – do sistema ao marketing – cumprem seu papel e dão resultados.

As etapas seguintes - logística, pós-venda e relacionamento com clientes também são importantes - fogem do escopo deste livro. No entanto, servem para lembrar que só design não vende. Se você quer ter um e-commerce de sucesso, precisa ter um sistema funcional, logística consistente, atendimento classe A em todas as etapas, fazer marketing bem feito e, antes de tudo, entregar um produto de qualidade.

Em todo o caso, o processo final após a conclusão da venda corresponde à moça do balcão que, ao entregar o produto ao cliente com um sorriso e certa de sua satisfação diz: "Obrigada. Volte sempre!"

Principais Aprendizados

- Valorize e torne visível as sinalizações para incluir um produto no carrinho de compras e para pagar tanto na homepage quanto nas páginas internas.

- Facilite o processo com um mapa visual das etapas e sinalize em que estágio o cliente está e o que falta para concluir.

No próximo capítulo, vamos navegar com o cliente...

Deixe o cliente passear a vontade

A navegação da loja virtual também se compara a movimentação do cliente dentro de um estabelecimento real. Nesta última, a distribuição de áreas destinadas à exposição de produtos, serviços e fluxo ou tráfego, é objeto de estudo durante as fases de construção, disposição dos móveis e decoração do ambiente.

Não é muito diferente da loja virtual. Podemos dividi-la em áreas de produtos, onde apresentamos os catálogos, suas divisões e itens, áreas de serviços como instruções de compras, FAQ e auxílio por chat, e áreas de fluxo, como os menus de navegação. De qualquer forma, tanto na loja física quanto na virtual, a exposição dos produtos é o ponto mais importante.

Portanto, os links dedicados aos produtos e departamentos devem fazem parte do menu principal do usuário. Inclua nesta área o combo de busca. Convencionou-se, principalmente nas lojas brasileiras, a usar a coluna vertical da esquerda como área destinada aos produtos. Seguindo este modelo, sua loja ganha mais um ponto: o da usabilidade.

O setor de serviços pode ser dividido em dois: o básico e o complementar. Os serviços básicos de uma loja virtual são a cesta de compras e o caixa. Assim como os menus relacionados a produtos, os links para estes serviços precisam estar em locais de destaque. Sem eles, o catálogo não passa de uma exposição de produtos não disponíveis para a venda. No modelo brasileiro, o menu superior é o local mais usado.

Os serviços complementares são aqueles colocados à disposição com o objetivo de auxiliar o consumidor: dicas de como comprar, informações sobre segurança, contato, botões de compartilhamento e ajuda. Em lojas mais sofisticadas, o suporte em tempo real através de chat ou voice over IP é um aliado importante para gerar mais vendas. Geralmente, com exceção do suporte, ficam disponíveis no rodapé.

Os menus relacionados ao tráfego são os destinados à navegação em seu conceito mais amplo. São os hyperlinks no catálogo, para retornar à página anterior ou ao topo da página, voltar à homepage ou à página inicial do departamento, continuar comprando.

O primeiro trabalho do webdesign er é pensar em cada função, seja ela de exposição, serviço ou navegação, e encontrar a melhor forma de representá-la, através de figuras de fácil reconhecimento ou tipos de fácil leitura. É importantíssimo buscar uma consistência na terminologia, na iconografia e em todo o conjunto da loja. Ainda mais com hyperlinks dinâmicos, com linhas complexas de código que significam tudo para o sistema e nada para o usuário final. É como as placas de sinalização de um shopping, com ícones bem desenhados e claros, da praça de alimentação até a garagem.

Principais Aprendizados

- Pense na navegação antes de criar a loja. Produtos, serviços básicos e complementares e tráfego devem ser dispostos de forma a incentivar a movimentação do cliente pela loja. Mantenha o foco na usabilidade.

- Seja consistente e claro na comunicação e na sinalização.

No próximo capítulo, você vai descobrir os segredos da personalização.

Personalize o relacionamento e venda mais

Quem não gosta de ser reconhecido ao entrar em uma loja, restaurante ou qualquer estabelecimento? A personalização é uma arma poderosa em todas as formas de relacionamento, sejam eles comerciais ou não. A Internet tornou possível a personalização do cliente em níveis comparados ao da padaria do interior que sabe não somente o nome, mas as preferências do cliente. Demonstra atenção e significa abordagens pertinentes, incluindo até descontos e facilidades exclusivas.

No fundo, a inigualável tática da simpatia é que gera o retorno do cliente. Mantê-la em níveis de excelência, sem que se tornem intrusivas demais, leva à fidelização. Alguma lojas online não possuem mecanismos de personalização. Por menor que seja a loja, o vendedor deve pensar bem antes de não incluir este diferencial quando lançá-la na Web. Alguns não sabem o que mostrar devido à pouca quantidade de produtos, outros têm medo de limitar ou bitolar as escolhas dos clientes.

O caminho para a personalização não deve estar baseado somente na quantidade de produtos disponíveis, pois o objetivo é fidelizar mais rápido. Mesmo que o cliente só faça uma compra, saber que dispõe de um ambiente customizado e pessoal em determinada loja, pode fazê-lo retornar de vez em quando para ver se não há nada que o interesse.

Se este ambiente puder ser incrementado com serviços especiais ou conteúdo sob medida, então a página pessoal se torna um diferencial de valor na construção do relacionamento. Como exemplo, uma loja de impressoras pode criar um clube de designers, arquitetos ou escritores, personalizando a página de acordo com estes perfis, incentivando o cliente a imprimir, imprimir e imprimir e, de vez em quando, comprar um cartucho ou uma impressora nova.

Atenção, página pessoal não é somente "Bom dia, Fulano!" e o resto igual à homepage de todo mundo. Isto está longe de ser personalização. A mais básica das páginas pessoais deve conter o status de seu pedido, formulário para alteração de seus dados cadastrais e relação das últimas compras feitas. Se for possível, sugira alguns produtos com base nas últimas compras.

Uma boa solução é criar destaques especiais, relativos aos produtos ou serviços, e randomizar à cada acesso. Páginas pessoais mais avançadas necessitam de sistemas mais complexos, que cruzam dados de compras anteriores, catálogos de produtos, informações qualitativas do cadastro e até das preferências de navegação na Internet e retornam recomendações adequadas ao perfil do cliente. Algumas trazem conteúdo exclusivo e outras permitem que o cliente acompanhe a trajetória do produto do centro de distribuição até a porta de sua casa.

Existem duas formas de reconhecer o cliente online. A mais comum é através de um *cookie*, um arquivo texto colocado na máquina do usuário que o identifique na próxima visita. A segunda, mais eficiente, é pedir que o visitante se conecte ao sistema através de um login e uma senha.

O reconhecimento por cookie tem seus pontos fracos quando uma mesma máquina é utilizada por mais de um usuário ou quando os arquivos são apagados, por motivos que vão do simples deletar dos *cookies* até uma completa reinstalação de sistemas. O login e senha significam um clique a mais antes do reconhecimento, porém, evita a frase "se você não for o Fulano, clique aqui", necessária na utilização de *cookies*. O ideal mesmo é combinar *cookie* e login e senha.

Os cuidados na personalização começam na escolha das tecnologias de banco de dados e de relacionamento. Sugerir produtos completamente opostos ao gosto do freguês pode gerar antipatia e ser perigoso.

Como no caso do sujeito que comprou um livro de autoajuda para dar de presente e agora só recebe sugestões deste segmento. Para casos como este, a loja deve sempre disponibilizar mecanismos para que o usuário informe que não está interessado mais neste tipo de sugestão. Caso contrário, a personalização deixa de ser simpática e se torna chateação.

Principais Aprendizados

- Personalize a experiência do cliente em sua loja através de cookies e login e senha. Apresente produtos, serviços e conteúdos sob medida para que ele volte sempre.

- Cuide e teste para que os sistemas e banco de dados trabalhem efetivamente para a personalização, cruzando dados concretos de forma não intrusiva.

No próximo capítulo, uma palavra sobre bom atendimento.

Bom atendimento traz bons clientes

Seja qual for o estabelecimento ou o gênero de produtos vendidos, o serviço mais importante que se pode prestar é um bom atendimento. A excelência neste quesito é a pedra fundamental do sucesso e a certeza do aumento das vendas e, consequentemente, dos lucros.

Hoje, fala-se e publica-se muito sobre estratégias de relacionamentos com clientes e sobre as ferramentas de marketing ou tecnologia para incrementá-las. A chamada venda um-a-um (*one-to-one*) representa o retorno das relações comerciais aos níveis de relacionamento que predominavam antes da revolução industrial.

Produtos customizados pelo cliente, tratamento como se este estivesse face a face com o vendedor e manufatura sob demanda são alguns temas com vasta literatura e cases. A era da customização segue em oposição aos produtos produzidos em escala, para consumo em massa e que requerem armazéns monstruosos. Um dos casos mais exemplares são os livros impressos para venda sob demanda. Dentro deste contexto, as ferramentas e estudos disponíveis visam a seleção e rejeição de clientes, incremento da cadeia de relacionamentos, customização de produtos, serviços, preços e até de promoções.

Em todos os casos, o vínculo com o cliente e como administrá-lo deve ser o foco. É claro que cada recurso exige níveis diferentes de investimento, além de ser parte integrante da estratégia comercial da empresa. Tudo isto merece um livro à parte, mas quem estiver interesse em aprofundar-se agora, pode fazer uma busca por "marketing de relacionamento" em qualquer mecanismo de busca ou na Amazon e terá uma infinidade de opções de leitura.

O design faz parte do bom relacionamento porque é um dos fatores que podem gerar mudança na expectativa do cliente. Ele começa na maneira de apresentar os produtos, passa pela sinalização, pela disponibilização de serviços e segue até mesmo depois da conclusão da compra, nos formulários de contato e nas newsletters.

O relacionamento pode ser melhorado através de uma experiência visual agradável, onde dados frios se transformam em formas visuais atraentes. Da homepage ao e-mail, da diagramação à escolha da tipologia, no cuidado com as imagens e com as mensagens, tudo influi para valorizar o relacionamento entre o cliente e a marca. Um visual amador dificilmente inspira confiança. E confiança é a palavra-chave não apenas nos relacionamentos comerciais online.

Dificilmente você vai comprar em um lugar que você não sabe onde fica, tem poucas informações sobre quem está do outro lado ou como seus dados pessoais e financeiros são armazenados. Por isto, todos os valores – ações ou informações - que tragam mais credibilidade precisam ser destacados. A credibilidade é conquistada em todas as fases com serviços e atendimento VIP e design profissional no website, na comunicação e nas embalagens. Cada detalhe contribui para o fortalecimento da sua marca, para o aumento da confiança e, por fim, dos lucros.

Principais Aprendizados

- Prime pelo bom atendimento em todas as etapas do seu e-commerce. Simpatia e bons serviços vendem.

- O design é um componente do bom atendimento, pois uma loja bem feita transmite mais confiança e gera menos ansiedade no cliente.

- Foque em ampliar a credibilidade da sua loja em todos os pontos de contato com o cliente, da vitrine até a embalagem que chega na casa dele.

No próximo capítulo, você vai conhecer os quatro pontos cardeais de um comércio eletrônico.

Os quatro pontos cardeais de uma loja virtual

Um bom website de e-commerce pode ser construído com base em quatro pontos fundamentais. São eles:

1. Facilidade

A estrela de qualquer tipo de comércio é o produto ou serviço em questão. Se a transação envolve dinheiro ou não, o que está em jogo é o que as partes estão interessadas em vender, comprar, leiloar ou trocar. É claro que a atenção de um website comercial deve, então, estar focada em suas mercadorias. E tudo que está ao redor - serviços agregados, as funcionalidades do sistema ou a organização do layout - deve trabalhar para que as estrelas da companhia brilhem.

O design funcional joga o feixe de luz sobre o produto. Não adianta tentar reinventar a roda com menus intrincados ou adereços rebuscados e gratuitos que dão voltas na cabeça do consumidor. Isto é a antítese do design. O bom designer, antes de tudo, é funcional. Do contrário, o que era para ser uma loja virtual vira arte abstrata e passa a se enquadrar na galeria dos sites "experimentais". Porém, quando o assunto é dinheiro – a não ser que esteja sobrando - ninguém gosta de fazer experiências arriscadas. Navegação é hierarquia. É levar ao ponto, respeitando a estrutura.

O estudo das formas de navegação é o embrião de qualquer projeto online, seja ele comercial ou não. Como mostrar a informação organizada, clara e rapidamente? Como fazer o internauta chegar direto ao que lhe interessa no menor número de cliques possíveis e transformar a apresentação destas informações em uma experiência agradável? Um bom trabalho anterior de arquitetura da informação e testes de usabilidade pode responder muitas destas questões.

No caso do comércio eletrônico, algumas funções transcendem a própria apresentação do website. Os botões "Colocar no Carrinho", "Finalizar Compra" e o combo de busca devem figurar em todas às páginas, de preferência em um lugar de destaque.

Coloque estas funções no cabeçalho e, se algumas páginas tiverem *scroll*, repita-as no rodapé. Se existir uma seção personalizada, o botão "Minha Conta" ou "Página Pessoal" também deve integrar este grupo. Se o conteúdo for longo, crie um índice no início utilizando âncoras e, após o conteúdo de cada item, disponibilize o "Voltar ao topo". Você também pode usar abas que se abrem de acordo com a navegação. No rodapé das páginas, além das funções básicas, coloque um link para a homepage e um botão "Voltar" para que o usuário possa retornar à última página visitada sem precisar se lembrar de que existe um botão voltar no navegador.

Para reduzir o número de cliques até o produto ou até um departamento do catálogo, utilize menus *drop-down*, através de formulários com *Select* menus ou Java Script. Essa linguagem permite a criação de menus e navegações mais amigáveis, com efeitos suaves nas transições e pré-carregamentos de dados. Mas, além do cuidado para não errar a mão e acabar entulhando o site com scripts esdrúxulos, deve-se atentar para que o meio não seja mais valorizado do que o fim.

Como tempo é dinheiro, quanto mais rápido você colocar o cliente na cara do gol, mais satisfeito ele ficará. Uma loja simples, com poucos produtos, pode até se dar ao luxo de mostrar o catálogo inteiro na homepage, por exemplo.

Um bom começo é fazer uma demo navegável do site, antes mesmo de qualquer esboço de layout. Isto pode ser feito até com o PowerPoint, da Microsoft e transformado em HTML depois. Com este estudo, você já terá uma noção do número de cliques necessários, não só dentro da árvore do catálogo, como nas outras seções importantes do website.

O relacionamento entre produtos com o mesmo perfil também é uma forma de poupar tempo. Suponha que eu esteja procurando um livro sobre culinária italiana dentro de uma loja online. O retorno da busca, traz um livro que eu já conhecia e que tinha boas referências. Mas também me sugere outros títulos, inclusive um que me parece ser bem interessante. Como eu coloco os dois na cesta de uma só vez, sem ter que retornar à página anterior? Usando um script.

O retorno de busca, quando apresenta sugestões, precisa contemplar a múltipla inclusão de produtos na cesta. Isto é fácil do ponto de vista tecnológico, bastando disponibilizar *check-boxes* para o cliente selecionar o que deseja incluir de uma só vez. Se clicar para saber mais informações sobre o primeiro livro, por que não trazer as sugestões junto para esta página, na parte de baixo ou na lateral direita?

A informação é a luz do produto. Quanto mais benefícios, características e especificações a página do produto trouxer, mais chances ela tem de satisfazer os desejos do consumidor. Tomemos o exemplo de um carro para explicitar as diferenças:

Os **Benefícios** de um automóvel são segurança, economia de combustível, conforto.

As **Características** dizem que o carro faz de 0 a 100 em 5 segundos, tem uma excelente aerodinâmica e outras funcionalidades.

As **Especificações** dizem respeito às cilindrados do motor, dimensões, capacidade de carga.

Cada item da informação tem o seu peso. O marketing é o responsável pelo destaque de um benefício e a apresentação das informações de forma a trazer apelo ao produto e torná-lo mais vendedor. Dentro do carrinho de compras, a funcionalidade também deve estar presente deixando sempre visíveis os botões "Pagar", "Recalcular Valores", "Continuar Comprando" e "Excluir Item". E no caminho da confirmação da compra, a sinalização deve reinar absoluta.

Mesmo quando as informações trouxerem vídeos ou arquivos multimídia complexos, ou quando a compra for feita através de smartphones ou tablets, a funcionalidade deverá seguir no comando. Eis o processo fluído do comércio, seja ele online ou off-line, seja ele e-commerce ou mobile. O meio pode mudar, mas o processo é o mesmo sempre: escolhemos, pegamos, pagamos e levamos o produto para casa.

Com um pouco mais de detalhes, o cliente procura o que deseja, coloca o produto em uma cesta, carrinho, bolsa ou o pega com as mãos, vai até o caixa, faz um cálculo mental sobre o valor final da compra, escolhe a forma de pagamento, paga e recebe o produto, na hora ou em casa. Facilitar o acesso à informação é tornar fácil cada etapa acima.

2. Segurança

Ao se decidir pela compra de um produto, o cliente passa pelo caixa onde apresenta as mercadorias que pretende levar. O caixa confere os preços de cada produto, calcula o valor total da compra e pergunta de que forma o cliente pretende pagar. Além disto, muitas vezes, pergunta se a mercadoria é para presente ou não. Se a resposta for positiva, capricha no embrulho. Alguns lojistas têm diversas opções de papéis de presente. Após o pagamento, o caixa entrega o pacote, a nota fiscal e o comprador sai da loja.

Na loja virtual, o cliente não vê o embrulho até que ele chegue à sua porta. Mais do que isto, em nenhum momento, vendedor e comprador se veem e os passos de cada transação se dão através de formulários, páginas de respostas e retornos de buscas. Se perder durante esta navegação não é muito difícil. Para sinalizar a finalização da compra utilize um mapa. A cada clique, mostre em qual passo o cliente se encontra e quantos restam até que a compra se consume.

Sua posição tem que ser estratégica, no cabeçalho da página ou na lateral, visível. Algumas lojas utilizam trilhas, com destaque para o ponto onde o consumidor se encontra, outras utilizam números ou letras. A escolha do formato varia, mas seu emprego é importantíssimo para a usabilidade do site e também para transmitir mais segurança ao cliente.

Atenção redobrada nos formulários. Aninhar e ajustar tamanhos de campos de textos, posicionar menus *drop-down* e botões de envio são tarefas árduas que exigem técnica e bom gosto. Não só na diagramação como na distribuição dos volumes de informações requeridas entre as etapas. Nesta hora, evite as perguntas que não fazem parte do processo de finalização do pedido e, vale repetir, seja simples e direto. Perguntas qualitativas – caso queira conhecer melhor seu cliente – não devem constar desta fase e são mais indicadas para uma de pesquisa de satisfação ou através de ações promocionais.

A segurança permeia todas as fases do relacionamento com o cliente com o objetivo de fechar a compra:

I – Reconhecer o cliente: a primeira etapa do fechamento da compra é o reconhecimento do cliente. Se este já estiver logado, o clique em qualquer botão "Pagar" ou "Ir para o caixa" já o redireciona para o passo seguinte. Porém, há sempre a possibilidade do usuário não ter sido reconhecido pelos métodos tradicionais como *cookies* ou uma abertura de sessão, através de login e senha. Nesta tela, vale reforçar os aspectos de facilidade e segurança da compra online. Uma chamada do tipo "Veja como é fácil" ou "Nós o guiaremos passo a passo" sugere que o processo não é nenhum bicho de sete cabeças. Destacar e dar garantias sobre a segurança do ambiente também ajuda a convencê-lo a seguir em frente. Para o cliente não logado, existem duas probabilidades: Se é um novo cliente, então a loja solicita que ele se cadastre - através de um botão que o redirecione para o cadastro - ou disponibiliza um campo para ele entrar com seu e-mail e então ser levado à página de complemento do registro. Se ele já comprou na loja, mas ainda não foi reconhecido, então os campos são de login – geralmente o e-mail ou CPF - e a senha. Neste caso, disponibilize também um mecanismo de lembrete de senha, para os clientes com problemas de memória.

II – Endereço de entrega: o cliente já se cadastrou ou já se apresentou. O passo seguinte é saber para onde a encomenda deve ser enviada. Algumas lojas tratam esta página como um caderno de endereços, mostrando todos os endereços nos quais o cliente já recebeu uma compra. Ao lado de cada um, insira um *radio button* para que ele escolha onde prefere receber o pedido e um botão de "Alterar", após cada opção, caso ele necessite atualizar algum dado. É uma atitude simpática, pois dá controle da situação ao cliente e evita que ele tenha que redigitar um endereço já utilizado. O botão "Enviar para um novo endereço" precisa ter certo destaque. Agora, vamos supor que seu cliente faça uma compra e queira enviar para mais de um endereço. Ele comprou cinco produtos e quer enviá-los de presente para cinco amigos diferentes. Dê esta opção: "Enviar para múltiplos endereços" e, é claro, alerte para os impactos no frete. Mas não se esqueça de disponibilizar um botão "Deletar", para que o Caderno de Endereços não se torne um pesadelo com endereços que já não são mais utilizados pelo cliente. O botão "Continuar" é o clique mágico para o cliente que concorda com o endereço apresentado.

III – Forma de entrega: é a página central do fechamento da compra. O cliente já se apresentou e escolheu o endereço, e está a um passo de escolher a forma de pagamento e confirmar o pedido. Nesta página ele escolhe o método de envio de sua compra, quando a loja contempla mais de um, se é tradicional ou expresso. Cada tipo representa custos adicionais ao valor total do pedido e tempos distintos de entrega. Portanto, é importante mostrar em quanto está a fatura antes da escolha do método de envio ou, no mínimo, com a opção mais em conta selecionada. Muitas lojas já apresentam esta função no carrinho de compras. A apresentação de valores parciais requer um modelo próximo ao do carrinho, com os botões de "Atualizar Valores" e "Alterar". De novo, disponibilize o botão "Continuar."

IV – Pagamento: o clique mais importante da loja. É quando o dinheiro sai do bolso do consumidor e vai para a caixa registradora da empresa. Pelo menos na teoria, já que na prática ainda existe a validação dos números, a fatura só chega um tempo depois e os cartões de crédito costumam liberar o pagamento muitos dias depois. Nesta página, novamente é preciso abrir o leque de opções visando todos os tipos de usuários e evitar a objeção número um do comprador online: questões de segurança. Uma loja segura que dá garantias neste quesito pode apresentar uma lista de cartões "pré-preenchidos", se o cliente está retornando. Se ele já comprou ou se é um cliente novo, os links fundamentais são os de opção de pagamento: cartão de crédito, boleto bancário, depósito bancário. O aprofundamento em soluções tecnológicas de validação, integração com ERPs, emissão automática de notas fiscais, certificados de segurança e sistemas de logística ou de administradoras de crédito foge do escopo deste livro, porém é importante destacar que cada tela após a escolha, cada leitura a banco de dados e cada página de retorno precisa ressaltar o compromisso da empresa com a segurança, com a idoneidade das transações e as garantias que o cliente tem caso alguma coisa dê errado.

IV – Confirmação: esta página é onde o cliente checa se todos os dados postados estão corretos. Antes de tudo, informe que a compra ainda não está fechada e que, para fechá-la, é preciso clicar no botão "Confirmar Pedido". Em seguida, informe os dados pessoais do cliente - endereço de entrega e forma de pagamento escolhidos – lembrando-se de incluir um botão

"Alterar" junto a cada um. Abaixo, faça um resumo do pedido, mostrando os itens que estão sendo adquiridos, valores unitários, custos de manuseio, frete, valor da entrega de acordo com o meio escolhido e o valor total da compra. Inclua o botão "Alterar" para cada tipo de dado que seu sistema permitir. Repita o botão "Confirmar Pedido" na parte de baixo da tela. Inclua informação sobre o tempo previsto de entrega, sobre as formas de obter suporte caso ocorra algum problema. Inclua também ressalvas quanto a sobretaxas regionais e produtos especiais que não podem ser trocados ou retornados.

V – Pedido confirmado: A compra foi consumada. O cliente colocou toda a sua confiança no processo e completou as etapas do pedido. Algumas lojas costumam abandonar seus consumidores depois desta etapa, com entrega precária, suporte e atendimento deficientes. O pior erro de um e-commerce é o mau serviço. A tela de confirmação do pedido deve começar com um agradecimento - "Obrigado por comprar conosco!" - e continuar com a descrição do que vem pela frente até a compra chegar à porta do comprador. Um e-mail com a confirmação do pedido, código de rastreamento do pedido e instruções sobre como acompanhar o status do mesmo.

Vale até apresentar novas recomendações de produtos com base nos perfis dos que o cliente acabou de comprar. Um sistema completo pode incluir links de administração do pedido com:

- Rastreamento do pedido

- Inclusão de um item

- Cancelamento de itens não enviados

- Alteração das opções de envio

- Inclusão de um Vale Presente

- Inclusão de Papel de Embrulho ou um Cartão

- Combinação de ordens em aberto para economizar no envio

- Verificação do status de todos os pedidos

A tela de confirmação também é um excelente momento para vender serviços ou produtos de parceiros, colocar links para promoções atreladas a vendas ou disponibilizar bônus ou pontos de programas de fidelidade. É sempre bom lembrar que a tecnologia permite controlar os passos do usuário dentro da loja e nas etapas decisivas da compra. Pode-se, por exemplo, disparar um e-mail caso ocorra desistência em alguma das fases. No entanto, reforce a comunicação sobre qualquer erro que possa ocorrer, como a impossibilidade de acessar um servidor seguro, por exemplo.

Oferecer ajuda, através de telefone, fax, e-mail, chat ou voz sobre IP durante os momentos cruciais da transação, não só tranquiliza o cliente, como o empurra adiante rumo à confirmação do pedido. E, antes de qualquer coisa, cuide para que todas as etapas da venda – antes, durante e depois – sejam suaves para ele. No mínimo, a loja ganha um aliado em uma das formas de propaganda do negócio: o boca a boca.

3. Suporte

Se um cliente, durante uma visita corriqueira à loja ou já dentro do processo de compra, precisa perguntar como faz para colocar o produto no carrinho de compras, o design não está ajudando. A palavra-chave é usabilidade. Muitas lojas possuem sistemas de ajuda em tempo real – como um chat por exemplo – porém, se a maioria dos pedidos de socorro for para ajudar a encontrar comandos, o design e a loja têm sérios problemas.

Fóruns e *message boards* são duas boas fontes de respostas para questões ligadas ao design. Crie uma seção "Comentários sobre a Usabilidade" e, não apenas deixe que os consumidores registrem suas observações, queixas, dúvidas e sugestões sobre o tema, como corrija tão logo detecte os problemas reportados. São informações preciosas para melhorias na navegação, no design e no funcionamento geral do website.

A mesma atitude pode ser incorporada ao FAQ – *Frequent Asked Questions* – ou Dúvidas Mais Frequentes, em português – onde questões ligadas ao processo de compra podem ser respondidas com ilustrações das telas ou caminhos a percorrer. Mostre os botões, o passo a passo e a cadeia de hyperlinks de forma didática. Existe sempre um cliente com menos habilidades que vai precisar e aprovar. A organização dos textos é parte integrante do bom design e ajuda o usuário.

Vamos nos aprofundar um pouco mais sobre Redação na Web nos próximos capítulos. Um fórum mal estruturado, ausência de informações sobre como comprar ou mesmo um FAQ truncado, sem diagramação ou que dificulte a leitura são erros de design que influenciam negativamente o cliente.

Se for possível, crie *"wizards"* ou *"tours"* para as seções. São guias que ajudam o internauta a entender o funcionamento de um serviço, dos passos de uma transação ou dão uma noção geral do website. Pode ser uma janela pop, um DHTML, com textos curtos, ilustrações, vídeos ou diagramas.

Resumindo, ajudar quando for preciso é uma questão de design – como a disposição das gôndolas e placas indicativas de uma loja real – e de estar a disposição para resolver as dúvidas do consumidor antes que ele se perca ou se canse.

4. Consistência

Diversos departamentos de uma empresa são envolvidos no *e-business*. Na verdade, é como no mundo real. O departamento de vendas quer vender, seja qual for o canal, a tecnologia precisa integrar os pontos de vendas e a estrutura de BackOffice – como contas a pagar, contas a receber, estoque – e o marketing deseja aumentar, cada vez mais, a geração de *leads* e o reconhecimento da marca.

Todos com um único objetivo: gerar receitas e reduzir custos. Então podemos concluir que a loja online não é nada além de mais um canal de vendas, uma nova filial da empresa? Não. A loja online é a ponta de distribuição, sim, mas é também um veículo de comunicação da marca, produtos e serviços, além de ser a interface tecnológica da figura do vendedor. O fato de ser um catálogo interativo de produtos ou serviços reforça a necessidade de integração com a identidade visual da empresa. Isto não só facilita o reconhecimento, como gera credibilidade. Portanto, o respeito pela identidade visual da marca – suas aplicações, cores, reduções e ampliações, tipologias e formatos – é primordial para a construção e conquista da credibilidade, da confiança e das vendas.

Os materiais de marketing e promoção utilizados na comunicação off-line devem estar presentes na versão online. Um banner cujo objetivo é gerar vendas deve trazer o mesmo conceito de um cartaz de produto pendurado na entrada da loja de tijolo e cimento. É claro que isto não significa apenas adaptar um cartaz para o formato de um banner. Trata-se de utilizar a mesma estratégia de comunicação e também de vendas.

Muitos gestores acreditam que não é preciso ter essa consistência, talvez pela possibilidade de criar uma empresa independente, globalizada e de maior alcance. Mas isto é um erro, porque o grande diferencial de uma empresa é sua estratégia e, não importa o meio, deve guiar todos os movimentos de todas as áreas e canais.

A falta de integração entre as áreas da empresa podem se refletir na loja. O marketing quer conquistar novos clientes sem prestar contas ao setor de vendas, que quer empurrar produtos, sem se preocupar com a infraestrutura do canal, foco principal da equipe de tecnologia, que por sua vez, utiliza a ponta online como plataforma de testes. Portanto, a integração da comunicação depende tanto da estratégia.

Se a empresa possui uma estratégia todos podem sentir no anúncio impresso, na mídia eletrônica, em ações promocionais, nos relatórios financeiros e na comunicação na Internet. Não existe razão para a inconsistência. Mensagens, tipologias, preços e imagens de produtos são partes das peças de comunicação.

Principais Aprendizados

- Um *e-business* de sucesso prima pela facilidade no acesso às informações, pela transmissão de segurança em cada uma das etapas do processo, pelo suporte sempre que requisitado e pela consistência na comunicação.

- Quanto mais integração o cliente perceber no que tange a marca, aos produtos e serviços, maior será a credibilidade e melhor será o nível de relacionamento

No próximo capítulo, vamos falar da etapa de planejamento de um e-commerce.

Planejando
a loja virtual

A criação de uma peça de comunicação, de um sistema tecnológico, de um veículo, de um produto ou serviço qualquer sempre começa com uma reunião de *brainstorm*. A participação de todos os envolvidos no projeto tem como objetivo agregar e gerar novas ideias, sugestões e apontar caminhos para as diferentes fases de um projeto. Lembrando que as seções de *brainstorm* precisam incluir, além de design, todas as outras etapas, como tecnologia, logística, aplicações, integração com Back-Offices e serviços que serão prestados.

Em um *brainstorm* de interface, os participantes fundamentais são os próprios webdesigners, além de webwriters, arquitetos de informação e especialistas em usabilidade. É claro que em equipes menores, algumas destas funções podem ser desenvolvidas por uma mesma pessoa. Não se trata de uma reunião fechada e qualquer outro componente que traga novas ideias é sempre bem-vindo. O mais importante em uma reunião de *brainstorm* é a liberdade de expressão. O condutor da reunião deve – não só permitir – como incentivar para que qualquer ideia seja colocada à mesa, independente de ser boa ou não.

Vale lembrar que é bom seguir uma agenda para que as sugestões não descambem para assuntos muito distantes do objetivo e o tempo seja otimizado. Uma boa prática é solicitar aos participantes que pensem no assunto com certa antecedência e que tragam algumas de suas ideias já ordenadas. É claro que muitas outras irão surgir durante a interação dos componentes da reunião.

Comece descrevendo o conceito geral do website. Se possível, tome como guia um plano de marketing, expondo os objetivos macros como o público-alvo, que políticas de comunicação e preços serão praticadas e como se pretende interagir com o cliente. Estes dados serão decisivos para responder a pergunta "Que linha de pensamento vai permear a criação do design do website como um todo?"

Como exemplo, uma loja online de luminárias poderia ter detalhes ilustrados com fotos de peças e acessórios ligados à luz ou energia: a página de cadastro teria a imagem de um interruptor, a seção de links teria diversos fios se cruzando, a área institucional um gerador elétrico e por aí vai. Pense em todas as possibilidades e as coloque no papel, evitando descartar ideias incompletas ou ainda inconsistentes. Neste momento quanto mais opções forem lançadas, melhor.

A conceituação é o embrião de uma peça bem acabada, seja um anúncio, um aplicativo ou um website. Como transmitir os valores da empresa visualmente é o desafio dos criativos, pois estes valores são os motivadores do cliente. As ideias dos gurus do marketing *one-to-one*, Don Peppers e Martha Rogers, podem ser exploradas para que o website se adeque ao grau de relacionamento com os clientes em cada momento. As ideias do guru do *brainstorm*, Tony Buzan, podem ser utilizadas para incrementar essa etapa fundamental no processo criativo e de inovação em qualquer negócio.

Então pense em como o website vai se apresentar diante do cliente recém identificado, como será a experiência visual que vai ajudar a diferenciá-lo e que elementos serão utilizados para interagir e personalizar a interface. Aprofundando mais um pouco, e até como um exercício para as suas seções de *brainstorm*, tente pensar em diferenciais de interface para os seguintes tipos de cliente:

Prospecto: o cliente que nunca comprou na loja e chega pela primeira vez ou que já se cadastrou no banco de dados de clientes ou em uma newsletter, que conhece a loja, mas nunca efetuou uma transação.

Experimentador: o cliente que já fez uma compra e retornou para completar a avaliação de sua experiência.

Comprador: o cliente que fez uma segunda compra, mas ainda não deposita toda sua confiança na loja.

Eventual: o cliente que compra esporadicamente.

Regular: o cliente que compra sempre.

Espetacular: o cliente que só compra na sua loja e ainda participa de fóruns, discussões sobre produtos e dá sugestões para melhorias, enfim, se torna um vendedor e evangelizador da empresa.

Conceito definido, a hora é de detalhar. Reúna sugestões de ícones, botões, formas de expor produtos, textos, apresentação de serviços e amarre os mínimos detalhes ao conceito definido. Isto cria uma consistência ímpar, além de aumentar o impacto. Se a imagem é sólida, com certeza o cliente vai perceber logo de cara.

Após encerrar a reunião de *brainstorm*, peça aos membros da equipe para que continuem pensando em meios de reforçar o conceito, seja em diagramação, arquitetura ou detalhes. Quanto mais original e criativo, maior será o impacto causado no consumidor e maiores são as chances de agradar.

Rabiscar é o passo seguinte à conceituação resultante do *brainstorm*. Nesta hora, conhecer a arquitetura do site –

a ordem hierárquica das seções e documentos e os hyperlinks – é a base do trabalho. Em folhas separadas, teste diferentes aplicações do conceito, concentrando-se na homepage. Preocupe-se com a navegabilidade e com o conjunto de comandos que devem estar sempre em destaque. Ao definir um caminho criativo que o agrade, tente aplicá-lo nas capas dos catálogos e em páginas de níveis mais profundos do website.

Rabisque o posicionamento dos principais links dentro da estrutura, reserve as áreas para destacar produtos e promoções, defina a posição dos comandos de compra e dos links para serviços. Faça anotações e comentários nas folhas sobre dúvidas ou novas ideias. Submeta os estudos a todos os participantes da reunião de *brainstorm*, discuta cada detalhe e solicite que apresentem sugestões, críticas, dúvidas e novas ideias. Reúna todo o material e refine a cada rodada.

O cliente também pode trazer novas ideias para o site. Apresente as sugestões e aprove o conceito antes de iniciar a produção. A consistência do trabalho depende da amarração de todos os aspectos do website à ideia principal. O que se vê por aí são muitas lojas que começam de um jeito e terminam com páginas internas abandonadas, cruas ou desarrumadas.

Quanto mais detalhes forem discutidos e definidos, mais fácil será criar o layout, mais segurança o webdesigner terá para medir até onde pode ou não soltar a mão. Para detalhar o projeto de webdesign, rabisque os botões e comandos principais, desenhe-os separadamente e estude como se comportam separados ou em grupos.

Tenha um capricho especial pelos comandos "Colocar no Carrinho" e "Ir para o Caixa", os principais links de uma loja virtual. O mapa do site lhe dará boas ideias quanto à navegação, facilidade de acesso entre as seções e usabilidade. Estude cada ambiente como um módulo separado que contribuirá para que o todo represente uma experiência agradável para o usuário final.

Avalie como um botão importante se comporta ao lado de links menos relevantes, sobre uma ficha técnica de produto ou de um combo de busca. Planejamento não é perda de tempo.

O tempo gasto nesta etapa significa muito mais economia de tempo durante a criação e produção. Mesmo que a equipe de webdesigners seja você sozinho, pensar e planejar antes de fazer são hábitos que tornam qualquer atividade muito mais eficiente.

Principais Aprendizados

- Comece o projeto da loja virtual com um brainstorm que envolva todas as áreas envolvidas.

- Depois de cada sessão de brainstorm, refine o projeto até ganhar consistência e usabilidade.

- Estude o comportamento de cada comando e link dentro do website.

No próximo capítulo, é hora de "layoutar" sua loja.

Layout: hora de desenhar

É chegado o momento de dar os primeiros contornos reais à loja online. Neste ponto, você já deve saber os parâmetros mínimos requeridos de resolução e alinhamento. Cada escola de webdesign tem seu jeito de formatar as páginas: resolução fixa alinhada à esquerda, resolução fixa centralizada, resolução auto ajustável e por aí vão. Particularmente, gosto de sites auto ajustáveis, também conhecidos como de resolução líquida ou responsivos, por se adaptarem de acordo com o tamanho da tela.

Porém, a tela líquida é uma opção que exige cuidados na hora de calcular o conteúdo central da página e a disposição de tabelas, imagens e textos. Com o advento dos aparelhos móveis – como tablets e celulares – o layout "responsivo" é aquele que se adequa à mídia de forma suave e sem perda de informação ou conteúdo importantes.

O e-commerce no Brasil adquiriu algumas características de navegação que acostumaram o cliente e que, para facilitar a usabilidade, é natural que sejam seguidos. Os comandos principais vêm sempre no cabeçalho, categorias de produtos em menus laterais à esquerda, links secundários no rodapé ou mais abaixo nas laterais. A área central é a vitrine, onde fica o destaque principal da loja – seja uma promoção, o lançamento de um produto ou uma data especial. Na versão móvel, tudo se ajusta em uma tripa onde cada item vem em sequência e as imagens são automaticamente redimensionadas para a telinha.

A escolha de tipologias merece um estudo separado dentro de qualquer design. Minha sugestão é que se use, no máximo, três fontes diferentes, uma a mais que no tradicional design para papel: uma para menus, outra para títulos e uma terceira para textos, geralmente fontes HTML. A combinação de tipos com e sem serifa, o equilíbrio da composição e a diagramação harmônica, famílias e outros componentes do estudo tipológico estão além do escopo deste livro.

Existem diversos livros que tratam do assunto e a leitura é obrigatória tanto para pretendentes à designer como para os já experientes. Utilizar fontes com critério, que combinem com o perfil do website, é uma das principais diferenças entre o designer profissional e o amador.

O produto é a estrela da página. Os consumidores precisam ver o que vão comprar. Não só a imagem do produto, mas o modo como é descrito e apresentado são fundamentais. No capítulo seguinte vamos falar de redação, portanto concentremo-nos no visual, por enquanto. O desafio é convencer o consumidor a comprar através de uma tela fria de um computador ou celular. Então, que tal tornar as imagens belas e bem tratadas, com um aspecto profissional?

Permita que o internauta a amplie e, se for possível, que a rotacione, troque as cores – no caso de um carro ou roupa, por exemplo – ou interaja com o produto através de funcionalidades multimídia como áudios ou vídeos. A combinação de cores é outro grande desafio. A harmonia entre tons, meios-tons e espaços em branco – que não precisam ser necessariamente brancos – e o equilíbrio na composição final resultarão no que costumamos chamar de bom gosto. É bom lembrar que a linha que o separa do mau gosto é tênue e, qualquer deslize, pode comprometer o todo. Portanto, trate de conhecer bem as paletas de cores e suas aplicações, inclusive suas influências no comportamento das pessoas que também influirão no comportamento das vendas. Pense também na usabilidade.

Se não for possível contratar especialistas em testes de usabilidade, torne tudo o mais fácil que você puder. A navegação é fácil? A página carrega rapidamente? O cliente encontra o produto que procura e também completa o processo de cadastro e compra com facilidade?

O projeto de navegação é anterior ao layout, mas somente quando começamos a delinear melhor os contornos do website ficamos sabendo se está funcional ou não. É quando determinamos o peso dos arquivos, a proporção de imagens e menus e a quantidade de cores.

Você pode entrelaçar formas, criar degrades ou criar interseções transparentes, porém já deve pensar em como tudo vai ser montado em HTML. Um website com tantas partes dinâmicas como uma loja virtual requer cuidados nesta etapa para que não se torne uma colcha de retalhos. Hoje, existem muitas ferramentas prontas de e-commerce, mas conforme sua loja for crescendo, você sentirá necessidade de customizações que uma plataforma pronta talvez não consiga te atender sem que alguém tenha que colocar a mão na massa.

Crie seu layout como uma imagem única e trate de aprovar com todos os envolvidos antes de produzir o HTML. A não ser que você tenha um sétimo sentido dizendo que ninguém vai mudar uma vírgula de lugar, evite produzir antes, pois, com toda a certeza, o trabalho pode ser dobrado.

O máximo de produção HTML nesta fase deve ser para posicionar a imagem do layout em uma página e criar links entre páginas através de mapas de imagem. É importante seguir o projeto de arquitetura e o modelo de navegação.

O número de páginas e subpáginas também depende do poder de compreensão de quem aprova e de seu poder de persuasão. Se tudo for aprovado ou as alterações forem mínimas, é hora de produzir. Caso contrário, de volta à prancheta.

Principais Aprendizados

- Ao pensar em layout de uma loja virtual, pense em todos os meios onde ela será apresentada. O design responsivo se adequa a todas as telas. A adequação não é só visual, mas de conteúdo e informação.

- O produto é a estrela da página. Coloque os holofotes nele, principalmente em seus benefícios.

- Não produza absolutamente nada antes de aprovar os layouts com todos os envolvidos no projeto.

No próximo capítulo, eu vou te revelar algumas técnicas para escrever bons textos para sua loja.

Redação: bons textos vendem melhor

Muita discussão e muitas opiniões já foram dadas sobre o texto na Web. Os diversos pontos de vista buscam dissecar desde o menor – o "clique aqui" dos banners – até as melhores formas de persuadir alguém a comprar um produto.

Um estudo do Escritório de Ciências da Sun Microsystems é um dos mais abrangentes sobre o assunto. Dois sites testados tiveram aumento de até 159% na usabilidade após a aplicação dos guias de texto.

A primeira conclusão é que escrever para Web é muito diferente de escrever para papel. Porém, por mais óbvio que isto possa parecer, o estudo recheia os resultados com dados muito interessantes, como:

- 79% dos usuários "passam os olhos" pela página ao invés de ler palavra por palavra;

- Ler na tela de um computador é 25% mais lento que no papel;

- O número de palavras de um conteúdo na Web deve ser 50% menor que seu equivalente em papel.

No meio impresso, os usuários conseguem focar melhor o tamanho da informação, ao contrário da Web, onde cada texto muito longo precisa ser dividido em múltiplas páginas, já que, para o leitor de monitor, o scroll impede essa pré-visualização. Partindo deste princípio, reduza o *scroll* e coloque as informações mais importantes no topo da página. Use abas compartimentais, se for necessário.

Além disto, os usuários podem acessar o site a partir de qualquer página e se mover por elas de acordo com sua vontade. Por isto, a primeira sugestão é torná-las independentes, com poucas explicações sobre o conteúdo prévio visto pelo usuário, e colocar links de apoio para os que não acessam via homepage, entendam o fio da meada.

Outros desafios passam por lidar com clientes impacientes e com uma possível falta de credibilidade. Busque um estilo bem objetivo, que permita ao usuário encontrar a informação que deseja facilmente e ganhe sua confiança. Rebusque ou exagere no tempero e ele rapidamente o deixará. Alguns links para outros sites com informações relacionadas aumentam a credibilidade. No caso de um produto, cogite incluir links para *reviews* de revistas especializadas e outros artigos que ajudem à formação de opinião sobre o assunto. Importante: sempre que incluir links externos, abra-os em uma nova tela para que o cliente não precise sair do seu ambiente.

De preferência, copie esses textos para páginas internas do site. O que não queremos é que o cliente se distraia demais e se esqueça de comprar. A Web também é uma mídia mais aberta e mais imediatista se comparada com o papel, o que faz com que os usuários apreciem estilos mais informais e pequenas doses de humor. Evite títulos confusos ou muito complexos que retardem a compreensão do conteúdo e seja criterioso na utilização de metáforas - os usuários podem ser mais literais do que você imagina.

Uma escrita estilizada demais, palavras incomuns e frases mal estruturadas são mais difíceis de entender online, ao mesmo tempo em que uma gíria qualquer pode não significar nada para leitores de outras regiões. Encontre formas sutis de passar algum aspecto de sua personalidade, o que ajuda a aumentar a credibilidade. Atualize as páginas para refletir os acontecimentos, em especial estatísticas e números. Lembre-se que estamos falando de uma mídia em movimento.

Se o texto precisa de um trabalho visual complementar – um gráfico, uma ilustração – reúna-se com o designer e esbocem, em conjunto, o que tem em mente. Uma planilha de especificações técnicas de um computador não precisa ser sem graça, porém alguns guias de webdesign podem também aumentar a leitura. Utilize poucas imagens. Identifique os fluxogramas e diagramas com legendas e utilize fotos de tela para ajudar o leitor a entender como um produto funciona, no caso de um software, por exemplo.

Neste caso, é importante incluir uma legenda ou uma notinha ao pé da imagem, se não ficar claro para o usuário que se trata apenas de uma ilustração sem interatividade alguma. A dupla webwriter-webedesigner também pode atuar na criação das peças promocionais internas ou externas da loja. A conceituação baseada na estratégia da marca ou na estratégia de vendas é a chave.

Escreva para que o leitor "passe" os olhos. Como visto acima, 79% dos internautas não leem palavra por palavra de um conteúdo na tela, apenas "passam os olhos" pela massa de texto. Então, desenhe sua página para ser facilmente "passável" com os olhos. Para destacar palavras ou fragmentos importantes use o negrito livremente, duas ou três vezes mais do que você usaria em um texto para o meio impresso. Porém evite destacar frases inteiras ou fragmentos muito longos. Duas ou três palavras-chave em uma sentença estão de bom tamanho.

Utilize a tag <STRONG> para destacar o que deseja ou uma cor, com exceção do azul, geralmente associado a um link. O tag <EM> não é recomendado porque transforma o texto em itálico, o que dificulta a leitura online. Estes também merecem cuidados, com tantos destaques em volta. Neste caso, é bom mantê-los sublinhados, mesmo ao utilizar CSS para formatar o design. Destaque as palavras que diferenciam sua página de outras páginas e aquelas que simbolizem o significado do parágrafo.

Um bom caminho é a utilização de *bullets* e listas numeradas, que diminuem o ritmo da "passada de olho" e capturam a atenção para pontos importantes. Cada parágrafo deve conter apenas uma ideia, já que os leitores tendem a pular um segundo ponto enquanto "escaneiam" a página com os olhos. Quanto a disposição do texto, comece a página com um breve resumo sobre os objetivos, a famosa técnica da pirâmide invertida.

Principais Aprendizados

- Escrever para a Web é uma arte diferente da escrita para papel. Leitores costumar "escanear" a página e a leitura é bem mais lenta.

- Use a técnica da pirâmide invertida, começando sempre com o porquê nos textos.

- Use parágrafos curtos e realce palavras-chave ao longo do texto. Use *bullets* ou listas numeradas para facilitar.

No próximo capítulo, mais dicas sobre navegação.

Navegar é preciso

Sempre que possível, os links dentro de uma página de catálogo ou de produto devem guiar o usuário para informações adicionais que sejam diretamente relacionadas – não apenas a um tópico relacionado fora do contexto da página, mas um tópico do parágrafo ou seção que esteja sendo lida. Para isto, hyperlinks na própria página podem direcionar o leitor de acordo com suas necessidades de compreensão sobre o produto, por exemplo.

O uso consistente de elementos textuais e a diagramação são, não apenas parte do design, mas elementos fundamentais na usabilidade da página:

Chamadas – utilize um corpo maior que mostre ao usuário porque aquela página é importante e certifique-se de que ela resume o conteúdo da seção. Organize o texto para que a hierarquia não seja mais profunda do que quatro níveis, caso contrário, o leitor pode se perder.

Listas – Você pode incluir mais listas em uma página Web do que no papel. Utilize as listas numeradas quando a ordem dos acontecimentos for importante e as não numeradas quando a sequência não for tão importante. Você pode usar listas para descrever benefícios, características ou especificações técnicas.

Legendas – certifique-se que ela identifique claramente a ilustração ou tabela e evite a chamada fotolegenda, quando o contexto é tão claro que qualquer explicação se torna redundante.

Hyperlinks – não utilize hyperlinks dentro do texto se a informação pode ser apresentada de forma sucinta dentro da mesma página. Não o explique, utilize o ALT ou TITLE para descrever a informação que o usuário encontrará através do link.

Utilize o recurso de hyperlinks para prover informações suplementares como definições de termos e abreviações, referências e leituras complementares. Referências cruzadas podem ficar no "Leia mais". Geralmente, estes links são mais fáceis de ler se trouxerem apenas os títulos das referências ou poucas palavras explicativas.

Mais da metade dos internautas utiliza as ferramentas de busca para encontrar páginas. Quando encontram, devem saber imediatamente como a página está relacionada com sua busca. Destaque as palavras-chave, inicie a página com um resumo, siga as instruções sobre o "passar de olhos" e inclua em cada página os termos que podem ser usados na busca.

Liste-os como META TAGS de palavras-chave junto com todos os sinônimos – mesmo os não incluídos no corpo do texto – inclua termos genéricos usados pelos consumidores e pelos concorrentes para descrever o assunto da página.

Utilize um vocabulário controlado para adicionar palavras-chave através de META TAGS: crie uma lista de termos comuns dentro de sua área de interesse e certifique-se que cada um destes termos sejam exibidos nas META TAGS das páginas onde estão relacionados. Não utilize palavras-chave que não sejam totalmente significantes dentro do assunto, apenas as que descrevam perfeitamente o assunto principal da página.

Cada página deve conter um tag <TITLE>. Crie textos títulos com poucas palavras, com até 60 caracteres, mas faça com que os primeiros 40 caracteres contenham o assunto principal da página. Se possível, faça com que a primeira palavra do título seja a descrição, pois os usuários também passam os olhos pelos títulos nas telas de retorno de busca.

Não seja genérico. Evite termos como "Bem-vindo" ou artigos no início do título, pois este deve fazer sentido quando visto totalmente fora do contexto, como parte de uma longa lista de outros títulos de página.

Dê títulos diferentes para páginas diferentes: páginas com o mesmo assunto podem começar com as mesmas palavras, porém terminar com outras que expliquem a diferença entre uma e outra.

Do ponto de vista técnico, não destaque o título e o escreva em caixa alta e baixa. Em alguns casos, uma única palavra pode ser destacada através da utilização de caixa alta, porém não utilize este recurso na primeira palavra, já que ser a primeira já é destaque suficiente.

Cada página pode ter um breve resumo em uma META TAG de descrição, pois algumas ferramentas de busca a mostra abaixo do título. Esta descrição deve ter, no máximo, 150 caracteres e – ao contrário do META TAG de palavra-chave - deve fazer sentido quando lida totalmente fora do contexto do site: dizer aos usuários sobre qual assunto a página fala e permitir que eles julguem se ela é relevante para sua busca. Evite hipérboles ou linguagem promocional, concentre-se nos fatos e busque se atualizar constantemente sobre as melhores práticas de SEO, otimização para os buscadores.

Escrever bem para a Web significa tirar vantagem das opções que ela oferece, mas ao mesmo tempo, não chamar atenção para a Web. "Clique aqui", "siga este link" e "este Web site" são apenas alguns termos que podem ser evitados. Um bom teste para descobrir se você está usando muitos "termos Web" é imprimir a página e se perguntar se ela faz tanto sentido no papel quando na tela. Você pode eliminar todas as referências neste sentido, em especial com os comandos de ação comuns à navegação pelo *browser*.

Um erro comum é assumir que todo mundo usa o mesmo *browser*, já que instruções sobre como fazer download de um arquivo são diferentes entre os navegadores.

Neste caso, certifique-se de que suas instruções são detalhadas o suficiente para serem compreendidas, sem especificar a versão ou a marca do *browser*. Um bom revisor pode ajudá-lo a polir o conteúdo – melhorar a gramática, pontuação, consistência - das páginas antes de você publicá-las, além de poder contribuir com algumas sugestões.

Antes, prepare uma lista de todos os aspectos da página que precisam ser avaliados. Resumindo: páginas reescritas de acordo com estes guias mostraram uma melhoria significante em todas as medidas, com relação às versões anteriores. A leitura foi completada 180% mais rápido, os erros do usuário caíram 809%, a memorização aumentou em 100%, a satisfação cresceu 37% e a usabilidade geral ficou 159% melhor.

Principais Aprendizados

- Utilize hyperlinks e abas para organizar conteúdos dentro de uma mesma página web. Usuários mais experientes podem, assim, escolher o que querem ler com mais rapidez.

- META TAGS fazem com que suas páginas sejam mais "encontráveis" pelos buscadores e também facilitam o compartilhamento nas redes sociais. Tenha um cuidado especial com as META TAGS de sua loja para que elas auxiliem quem busca a ter uma ideia do que vão encontrar, antes do clique.

- Evite termos Web para incentivar a navegação, como "clique aqui". Escreva um conteúdo fluído, utilize tags ALT para identificar os links dentro de um texto.

- Página otimizadas para a leitura, com chamadas, listas, legendas e hyperlinks reduzem o tempo de leitura, diminuem os erros de usuários e ampliam a memorização, usabilidade e a satisfação.

No próximo capítulo, uma palavra sobre criatividade.

Criatividade
sem juros

As chamadas de marketing são os principais títulos de uma página – homepage ou de produto. Dos títulos abaixo, qual tem o apelo de marketing mais vendedor?

"Impressoras à jato... de tinta. Compre voando!"

"Impressoras coloridas com 20% de desconto. Compre aqui!"

Os dois são simples, são marqueteiros. Apesar disto, o primeiro causa mais impacto que o segundo porque foge do lugar comum. Todos os varejistas que conhecemos adoram utilizar as expressões ligadas à compra, como "Tudo em 3 vezes sem juros", "20% de desconto à vista" – admito que os jargões do varejo não devam ser descartados – mas o produto ganha muito se os títulos e textos surpreenderem. As chamadas tradicionais tendem a cair no lugar comum. A diferença entre eles está na percepção. Lembre-se que o prospecto está em um transe de navegação e precisa ser "acordado".

O segundo título remete a um cálculo que o consumidor precisa fazer para saber se vale a pena comprar. E durante este cálculo, ele pode se perder. Já o primeiro têm mais apelo emocional. Lembre-se que toda compra é um processo emocional e não racional.

O princípio básico deste pensamento é não subestimar seu consumidor. Um título inteligente tem muito mais *recall* do que um "sem juros" qualquer. Vale a nota de que a comunicação prescinde de malabarismos. Quanto mais simples a mensagem, mais rápido o consumidor capta. No entanto, reconheço que somar criatividade e simplicidade não é tarefa fácil.

Porém, é o que transforma um título comum em algo surpreendente. E a surpresa é um excelente motivador emocional. Concentre seus esforços criativos nas chamadas de marketing, pois são a primeira coisa que o consumidor lê sobre o produto ou oferta dentro do website. É neste instante que a conexão emocional com o comprador é feita. O ideal é que cada página tenha um título cativante e uma imagem bonita do produto, seja ele um aparelho eletrônico, comida para cachorro ou calças para gordinhos.

Nos princípios básicos da comunicação humana, a mensagem chega ao destinatário e é interpretada de acordo com seus conhecimentos e pré-disposições. Quanto mais simples e direta, mais fácil o outro lado entende. Quanto maior o rocambole, mais difícil desenrolar.

As mensagens de venda necessitam de apelos simples, relacionados à própria condição humana. As que têm mais apelo de marketing são as que representam ganhar dinheiro, evitar um esforço, economizar tempo, preservar ou ter mais saúde, ser popular, experimentar algum prazer, ser satisfeito, admirado, único ou oportunista, satisfazer uma curiosidade ou apetite, ter posses, atrair o sexo oposto. Na direção oposta, as mensagens que têm menos apelo de venda contêm críticas, representam perda de posses, reputação, dinheiro ou controle do futuro, remetem à dor física ou incertezas, apresentam uma ação prematura, trazem problemas legais, são mal-educadas, estão fora de moda, causam mal estar ou lembram doenças, envergonham ou tomam tempo.

Neste caminho, as motivações humanas são calcadas em sete pontos:

- Necessidade

- Permissão

- Culpa

- Medo

- Exclusividade

- Relevância

- Elogio

As mensagens que ajudam a posicionar como solução para os problemas do consumidor trazem um ou mais dos diferenciais abaixo:

- Preço

- Valor

- Qualidade

- Status

- Exclusividade

Estas são as bases que devem nortear a criação de qualquer chamada de marketing.

Alguns conselhos rápidos sobre o conteúdo de uma página catálogo ou de produto:

1. Evite utilizar as descrições dos fabricantes. Elas costumam ser maçantes. Reescreva-as e coloque um molho especial.

2. Destaque os principais benefícios e funcionalidades. Use o negrito.

3. Formate as especificações técnicas em tabelas bem diagramadas.

4. O número de detalhes de uma página de produto varia de acordo com o tipo de produto. Por exemplo, se você vende roupas, destaque combos para configuração de tamanhos e cores.

5. Experimente colocar um FAQ na página de cada produto com as perguntas mais frequentes dos visitantes e clientes.

6. Permita avaliações de consumidores. Você não imagina o quanto estas avaliações podem inspirar o texto de vendas dos produtos.

7. Certifique-se de que o texto tenha o mesmo "tom de voz" do seu público-alvo.

8. Faça testes de posicionamento do texto do produto na página.

Além disto, evite também pontos de exclamação, cifrões e caixa-alta. Seja curto, direto e abuse na hora de motivar. Resolva um problema, resolva um problema com rapidez, resolva um problema por uma quantia de dinheiro que pareça pouca ou razoável, desperte a curiosidade.

"A primeira impressão é a que fica" vale para a mensagem, vale para a imagem, vale para a página toda, principalmente se esta página for a primeira. E também vale para newsletters, malas diretas digitais, banners, hotsites e qualquer outra forma de comunicação.

Principais Aprendizados

- Seja criativo em suas chamadas nas homepages, catálogos e páginas de produto. Criatividade ativa o motivador emocional da surpresa.

- Utilize da psicologia para motivar seu cliente. Estude os motivadores humanos. Em suas chamadas e textos, apele para necessidades, permissão, culpa, medo, exclusividade, relevância e elogios.

- Reforce os diferenciais de preço, valor, qualidade, status e exclusividade.

- Capriche no texto e na sua organização. Destaque benefícios e funcionalidades, diagrame especificações técnicas, crie um FAQ do produto, permita avaliações e teste o posicionamento de imagens e conteúdo.

No próximo capítulo, a pirâmide invertida no conteúdo.

Inverta a pirâmide para aumentar a persuasão

Lead ou chamada é um pequeno texto que acompanha a foto do produto na homepage ou na página principal de catálogos e departamentos. São duas ou três linhas, na maior parte das vezes, expostas entre o nome do produto e o link para incluir no carrinho de compras. Este campo pode ter seu tamanho limitado – entre 100 e 150 caracteres - para não comprometer o layout da página, principalmente por ser uma página dinâmica.

A informação precisa ser concisa, direta e muito bem redigida. É algo parecido com aqueles textos usados nos mecanismos de busca para descrever sucintamente um website cadastrado, o que ele tem de diferencial. Então escreva o que o produto tem de melhor sem utilizar a expressão "a melhor" ou "o melhor cortador de grama do mercado". Procure vender o principal benefício do produto em relação ao seu segmento, à sua utilização e até aos concorrentes. Evite os adjetivos, especialmente os de comparação.

A abordagem do *lead* é um trabalho do marketing e não da área comercial, ou seja, mais benefício do que detalhe técnico ou característica de produto. Por que o cliente deve se importar com aquele produto? Que problema ele resolve ou que desejo ele satisfaz? Despertar esta necessidade emocional não é uma tarefa simples, mas é parte importante da isca, composta de *thumbnail* (uma imagem pequena do produto), nome do produto e *lead*. Tornar a isca eficiente requer habilidade e conhecimento de marketing, vendas e de psicologia.

Uma combinação de imagem atraente, lead bem escrito e preço bom fazem com que os peixes mordam a isca e cliquem para saber mais detalhes do produto. Se o consumidor clica e insere o produto no carrinho sem passar pela página do produto, de duas uma: ou ele já conhece o produto ou a isca é espetacular.

A página do produto – também conhecida como lâmina ou folheto – contém as especificações técnicas, características, benefícios e até demonstrações do produto. Pode ser comparada à hora em que o vendedor pega o produto nas mãos, começa a descrever seus benefícios e tenta convencer o comprador a levá-lo para casa. No entanto, esta página tem que fazer muito mais do que o sujeito que batia à sua porta para vender enciclopédias. Como já foi dito anteriormente, as informações precisam estar dispostas em um formato *"self-service"* onde, tanto o consumidor experiente quanto o iniciante, podem encontrar o que procuram, cada um em seu *"timing"* e da forma que lhes for mais conveniente.

Vamos dividir, então, esta página em três partes: destaque, benefícios e complementos. Nem preciso dizer qual é a mais importante. No destaque deve constar uma bela imagem e o nome do produto, um título extremamente criativo, uma breve descrição que pode ser a repetição do *lead*, as condições comerciais como preços, descontos e facilidades de crédito e o botão "Colocar no Carrinho" bem visível e, de preferência, em uma cor chamativa. Este conjunto deve funcionar como uma peça publicitária: quanto mais criativa, sintética e vendedora, melhor.

A segunda parte deve trazer os benefícios do produto. Considere como benefício qualquer informação que ajude o consumidor a poupar tempo, dinheiro e todos aqueles pontos vistos no capítulo anterior. Se o website permite comentários dos consumidores sobre o produto, esta é a hora de listá-los. É bom lembrar que nada vende mais que a experiência positiva de outros compradores. Isto se deve ao motivador emocional da prova. Ler avaliações de terceiros poupa nosso cérebro do esforço de análise. Lembre-se: não há redação, design – de produto, página ou peça publicitária – ou qualquer malabarismo de marketing que sustente um produto ou serviço de má qualidade.

Os complementos vêm na sequência com as características e especificações técnicas do produto. As diferenças entre benefícios, características e especificações técnicas podem ser entendidas através de um carro, por exemplo.

Benefícios: conforto e segurança

Características: 0 a 100 km/h em 5 segundos.

Especificações técnicas: Motor de 150 cavalos. Rodas Aro 15.

Na página de produto o objetivo é conquistar o cliente. Demonstrativos multimídia – vídeos, animações ou áudio – imagens em 3D que permitam ver o produto de diversos ângulos ou até seu interior e testemunhais de consumidores felizes são bons exemplos. E, só para relembrar, o botão "colocar no carrinho" deve estar sempre visível, especialmente se a página possuir *scroll*, pois nunca se sabe se o cliente vai se convencer se o produto é bom no topo, na metade ou no final da página.

Principais Aprendizados

- Capriche na isca, a chamada do produto na homepage, catálogos e newsletters. Seja conciso, claro e venda o principal benefício.

- Organize as informações na página do produto. Comece por um título criativo, apresente os benefícios, liste as características e os detalhes técnicos.

- Acrescente recursos que ajudem a convencer o cliente. Destaque o botão de compra.

No próximo capítulo, você vai se aprofundar um pouco mais em seu público-alvo.

Foco no público-alvo

Um dos maiores erros das primeiras lojas virtuais – e de muitas outras companhias online – era querer vender para todo mundo. Como você não chegou antes da Amazon, procure focar no público-alvo.

Zig Ziglar, autor, vendedor e palestrante americano, disse que toda venda tem cinco obstáculos básicos:

- Eu não preciso

- Eu não tenho dinheiro

- Eu não tenho pressa

- Eu não desejo

- Eu não confio

Trabalhe para vencer cada uma das possíveis objeções de seus clientes. E cada segmento de mercado possui objeções específicas, além destas cinco objeções "tradicionais".

Não há CRM ou mecanismo de personalização que venda um produto para quem não está interessado em comprá-lo. Mesmo que a loja tenha versões diferentes para "tribos" e idiomas diferentes, não se compara a algumas mídias de massa como forma mais eficiente de abordar grupos de consumidores. Mais do que segmentada, a Internet pode ser considerada uma mídia individual.

Vender de maneira genérica pode ser um risco para quem deseja conquistar consumidores valiosos e fiéis, da mesma forma que vender de maneira muito personalizada pode significar invasão da privacidade e assustar o consumidor.

Uma boa linha de ação é desenvolver uma pesquisa de marketing junto aos consumidores e utilizar uma linguagem que se adeque a grupos. Outra, mais simples, é adaptar linguagens para os três principais tipos de consumidores: o que não sabe o quer, o que sabe o que quer e o que quer comprar.

Para o João Não-Sabe-O-Que-Quer, desenhe a loja e comunique-se com o objetivo de ajudá-lo a encontrar o que procura e despertar seu interesse. Compare-o a um cara que entra em uma loja de lingeries querendo comprar um presente para a namorada e não sabe por onde começar. Em primeiro lugar, não o obrigue a aprender sobre o website, apenas faça com que tudo seja fácil de usar utilizando as convenções gerais da

Web: links bem sinalizados, botões com destaque, além de navegação clara. Lembre-se que o internauta tem como objetivo comprar e não conhecer sua habilidade com o Photoshop ou com scripts de última geração.

O que você pode fazer é introduzir o website para os navegantes de primeira viagem, uma prática simpática e necessária, ainda mais se você deseja que sua base de clientes cresça. Ou ainda, criar pontos de partida fáceis como uma busca especial para o Natal dividida em "Presentes para as crianças", "Presentes para a esposa ou marido" e por aí vai. É muito mais fácil iniciar com algumas sugestões deste tipo do que buscar presentes em categorias como Sapatos, Joias ou Brinquedos. Mas, e se João Não-Sabe-O-Que-Quer, estiver rondando algo mais complexo? Você precisa dar a ele algumas informações básicas sobre o produto ou o segmento. Mesmo que ele não compre naquele momento, ele fica sabendo que pode voltar ao seu website quando se sentir pronto.

Para a Maria Sabe-O-Que-Quer, apresente as informações de forma com que ela se sinta confiante sobre sua decisão. Ela tem ideia do que deseja, mas precisa de ajuda para tomar a decisão final. Usuários como a Maria procuram informação e ferramentas que a guiem até o produto desejado. Ela quer ver o produto de perto e saber tudo sobre ele, então, você precisa preparar seu website para que ela obtenha informações aprofundadas sobre seus produtos e tome a decisão de compra.

Você deve diferenciar as opções entre os produtos, permitir comparações. Nossa consumidora decidida precisa saber rapidamente qual a diferença entre a impressora Dexter J863 e a Dexter J890. Que tal diferenciar os produtos não por números, mas por descrições do tipo "Impressoras Pessoais Coloridas" ou "Impressoras para Escritórios Coloridas"?

Isto pode tornar a busca da Maria mais simples e evitar que ela dê cliques desnecessários. Mostrar os produtos em seu contexto, com várias fotos das muitas utilidades do produto, e trazer resenhas também ajuda, já que isto pode ser determinante para que ela defina onde o produto é bom ou ruim. Duas outras ferramentas são importantes: uma é o comparador de produtos. Quero comprar um carro, gostaria de comparar com outros modelos da mesma marca e concorrentes. A outra são as ferramentas de interatividade, como calculadoras online, chats com vendedores e simuladores.

Para o José Quer-Comprar: Ajude-o a ir para o caixa o mais rápido possível. Dê lhe um processo de fechamento de pedido livre de distrações e garanta a segurança das informações que ele colocará em seu banco de dados. Ele já se decidiu sobre o que deseja comprar na sua loja e você agora deve conduzi-lo até o caixa antes que ele mude de ideia.

Construa um caminho claro e seguro que leve seu cliente do produto ao carrinho de compras e deste até fechamento do pedido. O mais importante: não o force a dar informações desnecessárias ao processo de compra. Não pergunte se ele é casado, se tem filhos ou qual seu hobby favorito. Livre-se de qualquer coisa que possa distraí-lo e teste sempre para que nenhum problema emperre o processo.

Algumas lojas retiram todos os links de navegação das páginas de fechamento de compra, prevenindo-se de que os usuários abandonem esta etapa acidentalmente. José Quer-Comprar só pode deixar o processo se estiver decidido quanto a isto clicando no botão "cancelar". Garanta a segurança da transação e reafirme isto ao cliente, dando explicações claras, inclusive com selos de segurança, sobre porque enviar os números de seu cartão de crédito é seguro e como os dados serão utilizados.

Permita que consumidores inseguros completem o pedido por telefone, fax ou carta. Oferecer opções faz com que José se sinta um pouco mais seguro e confortável em completar a transação. Outro ponto que merece destaque é o tempo das questões: comece com as fáceis e termine com as mais difíceis. Questões como endereço e forma de entrega devem vir antes dos dados do cartão de crédito. O motivo é simples: a maioria das transações empaca nesta hora.

Porém, se ele já lhe deu seus dados sobre o endereço e forma de entrega, talvez fique mais disposto a completar os dados sobre pagamento, pois já se esforçou um pouco dentro do processo de fechamento da compra. E não se esqueça de enviar um e-mail confirmando o recebimento do pedido. Quando alguém compra alguma coisa, fica esperando pelo menos um recibo que garanta o registro da transação. No mundo virtual, o e-mail de confirmação equivale a este recibo e deve confirmar os detalhes do pedido e dar informações sobre como obter reembolsos ou fazer trocas. Sem o e-mail, João Quer-Comprar nunca vai ter certeza se a transação foi completada.

A forma de falar com os clientes é de vital importância. Se a abordagem é formal ou informal, tem que ser fácil. Evite gírias e não complique a informação, especialmente se o produto possui características e especificações técnicas que só fazem sentido para quem entende.

Pense em como um vendedor exporia um produto para um grupo de pessoas diferentes. Antes de tudo, ele tentará descobrir se o grupo tem algum interesse comum e se encaixa no perfil do produto vendido. Depois explica tudo com clareza, de uma forma que possa ser compreendida por todos, mas sem deixar a peteca do interesse cair. Se a apresentação for chata, o cliente o dispensa.

Se o apelo for interessante, no mínimo, ele ganha mais tempo para convencê-lo e concretizar a venda. Na loja online não é diferente. A linguagem do comércio é universal: o vendedor deve responder as possíveis dúvidas e não causar o menor aborrecimento.

Principais Aprendizados

- Resolva os cinco obstáculos básicos de toda venda: não preciso, não tenho dinheiro, não tenho pressa, não desejo, não confio.

- Personalize seu conteúdo sem ser intrusivo. Prepare sua loja para receber quem ainda não tomou qualquer decisão, indecisos e decididos.

- Elimine objeções, responda às dúvidas e não chateie seu prospecto.

No próximo capítulo: a ciência da tipologia.

Tipologia também vende

Conhecer a fundo tipologias é pré-requisito em todas as áreas do design gráfico, seja em papel ou na tela. Saber aplicar fontes e suas variações com bom senso é o primeiro passo para que a peça – seja um folheto ou uma página de Web – apresente uma composição atraente.

A conceituação de um website depende muito deste conhecimento e, apesar de artistas gráficos e designers sérios os proclamarem como determinantes na comunicação visual, esta não é uma ciência muito difundida entre os não designers. Como este livro pretende atingir também os profissionais de marketing, vamos dar uma pincelada sobre os tópicos mais importantes do assunto. Para os iniciados, vale a relembrança de certos pontos.

Tipos se dividem em categorias. Estas categorias podem ser comparadas a uma raça de cães, por exemplo:

- Serifados

- Sem serifas

- Mono-espaçados

- Manuscritos

- Decorativos.

Cada uma delas serve a um propósito. Estas raças, estão subdivididas em famílias. Por exemplo, na categoria dos tipos com serifas existem as famílias Times, Garamond, Cheltenham, entre outras. A Arial, a Helvética e a Verdana são famílias que pertencem ao grupo das sem serifas. A Courier é uma fonte mono-espaçada, a Snell é manuscrita, a WindDings é decorativa e por aí vai. Cada família de tipo pertence a uma das cinco categorias apresentadas.

Dentro de cada família existem pessoas, dentro de cada família de tipo existem as faces: normal ou regular, negrito, itálico, expandidas, condensadas ou a mistura destas, como negrito itálico ou condensada regular itálico.

Cada face é definida com base nos aspectos físicos da fonte como peso, largura ou postura. Outro ponto que merece destaque é a proporção ou tamanho das fontes com relação aos outros elementos da página.

Para isto, existem medidas específicas que variam de acordo com o meio: pixels ou pontos para o monitor, milímetros ou *picas* (leia-se paicas) para o papel. Na Web, os tipos específicos para HTML têm limitações de apresentação, seja no tamanho ou no espacejamento entre letras ou linhas.

Hoje, já se pode controlar melhor estas variáveis através da utilização de CSS (*Cascading Style Sheets*), folhas de estilo de uma página Web. Mesmo assim, elas podem variar de acordo com a resolução do monitor, plataforma e até mesmo entre *browsers* diferentes. É possível controlar a apresentação construindo múltiplas versões, mas o grande número de variáveis dificulta o trabalho. Um layout responsivo, ou seja, que se adequa às diferentes telas, é o caminho indicado.

O importante é tentar manter as proporções. As relações proporcionais indicam o papel de cada tipologia em uma página. Fontes grandes geralmente são utilizadas em títulos, chamadas ou destaques, médias em textos ou links maiores e pequenas em links menores ou informações que não precisam aparecer tanto, como textos legais – aquelas linhas minúsculas com prazos de promoções, informações sobre estoque e condições de crédito.

Orientação, espacejamento entre letras e entre linhas, utilização de caixas altas e baixas, emprego de cores e combinação de peso e contraste são mais algumas das matérias encontradas no estudo das tipologias. Um tipo italizado sugere movimento, um tipo comprimido em letras grandes indica imponência. Espaços maiores ou menores entre as letras e linhas têm influência no ritmo da leitura e a combinação dos estilos pode resultar em composições agradáveis ou não aos olhos. Nesta disciplina, a prática é a melhor escola. Abra seu aplicativo predileto – de preferência um que tenha bons recursos de gerenciamento de tipologias – e brinque de combinar fontes.

Experimente, a princípio, sem compromisso com o resultado final. Aplique tamanhos diferentes e experimente espacejamento de linhas, letras e palavras. Tente identificar categorias, famílias e faces de um tipo em anúncios, matérias de revistas e websites. A regra básica na composição de tipos em papel é: utilize, no máximo, duas fontes em um anúncio ou editorial – uma para o título outra para o texto. Na Web, utilize três. Treine bastante, pois cada fonte tem uma história e uma capacidade diferente de impactar o público desejado.

Que tipos são melhores para comércio eletrônico? Tipos são como os textos que eles formam: cada um tem seu apelo, cada um tem seu estilo, cada um tem seu ritmo. O conteúdo e forma – ou o texto e os tipos – são determinantes de acordo com a mensagem que se deseja passar. Se a mensagem alcança o destino pela pertinência do conteúdo, a forma a torna mais agradável e, no final das contas, muito mais eficiente.

Principais Aprendizados

- Tipologia é uma ciência dentro do design. O bom uso de tipos tem impacto consciente e inconsciente no leitor.

- A tipologia de uma página Web pode ser controlada por CSS e precisa ser responsiva, ou seja, se adaptar ao tamanho da tela em que é apresentada.

- Utilize, no máximo, três fontes diferentes em uma página web. Uma para o título, outra para textos e a terceira para menus.

No próximo capítulo, uma palavra sobre consistência.

Seja consistente na comunicação

Uma das principais causas do boom da Internet é o seu poder como mídia. "A mídia definitiva", "Oportunidades únicas de negócios", "O poder do comércio online" são algumas das manchetes que imperavam antes da derrocada dos investimentos no mundo *pontocom*. Ser uma mídia definitiva ou a mais poderosa já inventada talvez explicasse sua hipervalorizarão e a consequente supremacia, inclusive, sobre os negócios do mundo real. Felizmente o mundo acordou e todos perceberam que fazer negócio através da Internet não era muito diferente de fazer negócio fora dela. Não se tratava de uma mídia definitiva, porém de mais uma mídia.

Um dos mais graves erros de uma loja virtual é tratar a Internet como uma peça independente de marketing. É claro que meios diferentes necessitam de peças diferentes, porém na Internet a inconsistência também depõe contra a própria marca. Isto gerou, no mínimo, crises de identidade nas empresas (o *e-business* versos o *business* tradicional) e crises de credibilidade no consumidor.

Muitas empresas que nasceram sob o signo digital mostraram inexperiência e até incompetência nos trabalhos de construção de marca e imagem. Algumas delas, inclusive, gastaram o que podiam e o que não podiam em campanhas de marketing sem planejamento, com erros estratégicos imperdoáveis, serviços deficientes e falta de foco.

Uma loja virtual tem meio caminho andado na estrada do marketing se já possui uma marca forte no mundo de tijolo e cimento. Isto não é regra, muito pelo contrário: existem muitas lojas virtuais que nasceram de lojas reais e acumularam prejuízos astronômicos. É óbvio que ter uma marca consolidada significa alguns passos à frente de quem começa do zero na Internet. Eis mais um motivo que torna difícil entender porque tantas empresas bem estruturadas fora da Web, fizeram pouco caso de seguir seus *guidelines* também dentro dela.

Ora, se a primeira coisa que o e-consumidor procura é segurança, nada melhor que reconhecer a instituição por trás da interface do computador. O simples fato de possuir um endereço físico no asfalto representa alguns pontos a mais no quesito confiabilidade dentro da cyber via, mas isto não é uma regra. Basta comparar os casos da Amazon, que nasceu digital, e a Barnes & Noble, que nasceu analógica, mas não atingiu o mesmo sucesso em sua versão *e-business*. A Netflix desbancou a Blockbuster em pouquíssimo tempo. O AirBNB, um aplicativo de reservas de hospedagens, superou muitas redes de hotéis centenárias.

O mesmo estende-se às peças de comunicação: banners, pop-ups, newsletters, cada um com uma cara diferente, mal conceituadas, extravagantes na utilização de cores e formas são os ingredientes de uma campanha sem impacto e, consequentemente, pouco ou nenhum sucesso. Se, ao contrário, cada item da comunicação é construído sob as bases do planejamento estratégico e de marketing, aumenta-se o poder de *recall* e o número de tijolos no árduo trabalho que é a construção de uma marca. A dica, neste caso, é: siga o conceito da comunicação da empresa, mesmo que este seja apenas um manual de identidade visual.

Se não houver um, tente se adequar ao menos ao posicionamento da empresa em seu mercado. Do banner institucional ao varejão de produto, da comunicação nas páginas internas ao header da newsletter, não perca a oportunidade de passar confiança ao consumidor. Seja inconsistente e perca tempo e dinheiro. Seja coerente com a imagem da empresa e faça com que seja um pouco mais conhecida a cada dia que passa. Dentro e fora do computador, consistência também é um motivador emocional que gera vendas.

Principais Aprendizados

- Negócios são negócios na Internet ou fora dela. Um mau negócio continuará sendo um mau negócio independente do meio.

- A consistência é um motivador emocional que vende. A consistência na comunicação é imprescindível para gerar confiança no consumidor, esteja ela na sua loja de rua ou na loja virtual.

No próximo capítulo, vamos falar sobre Usabilidade.

Seja refinado na usabilidade

De que adianta criar um belo website de comércio eletrônico se o consumidor não consegue entender a sinalização ou completar uma transação? Problemas durante o cadastro ou no fechamento da compra, navegação truncada e mal arquitetada vão, com toda a certeza, comprometer os resultados no final do mês. Ao contrário de um catálogo impresso, a loja virtual é um meio em movimento.

Um filme para TV é produzido e, depois que é entregue à emissora não é possível mais mexer, um anúncio de revista ou jornal não pode ser alterado depois dos prazos de fechamento do veículo, assim como a mala direta após ser colocada nos correios ou um cartaz que vai para a gráfica. Na Web é diferente: os custos e prazos de alteração são mínimos. Se isto é um fato, por que muitas empresas não preveem uma etapa no cronograma de desenvolvimento para os testes de usabilidade?

Na maioria das vezes, a equipe desenvolvedora e a empresa estão tão envolvidas no projeto e conhecem tão profundamente o produto ou serviço, que desprezam o comportamento do usuário final, a quem o site se destina. O teste de usabilidade engloba diversos métodos para identificar como os usuários costumam interagir com um protótipo e com um website final.

Os testes de usabilidade fazem parte de um processo que envolve testar e utilizar os resultados para mudar o site para melhor, de acordo com as expectativas dos usuários.

Basicamente, um teste de usabilidade é feito quando usuários - um de cada vez ou dois simultâneos - utilizam o site procedendo algumas tarefas, enquanto uma ou mais pessoas assistem, ouvem e tomam notas. O objetivo dos testes é descobrir o que funciona e o que não funciona bem no site.

Em um teste de usabilidade, as principais questões a serem respondidas são:

- Os usuários completaram as tarefas com sucesso?

- Caso positivo, quanto tempo eles levaram para completar?

- É rápido o suficiente a ponto de satisfazê-lo?

- Que caminhos tomaram enquanto testavam?

- Estes caminhos são eficientes para eles?

- Onde eles emperraram? Que problemas tiveram? Onde ficaram confusos?

- Que palavras ou caminhos eles procuram que não estão no site?

- Os usuários imaginam, sem que lhes seja dito, de quem é o site em que estão navegando, diretamente ao abrir a homepage?

- Os usuários clicam através das páginas ou utilizam a busca?

- Que palavras utilizam na busca?

- O que escolhem nos resultados de busca?

- Como reagem ao tempo de download de páginas específicas?

- Se abandonam um carrinho de compras antes de comprar, quando param e por quê?

O caminho é experimentar o protótipo com poucos usuários, consertá-lo e testar novamente. Os testes interativos funcionam melhor. Eis as etapas de um teste de usabilidade e as questões a considerar em cada uma delas:

a) Planejamento

Planejamento do escopo, temas, participantes, local e orçamento, detalhamento do que vai ser testado:

- Conceituação sobre cada necessidade de teste – os temas

- Especificação dos usuários que vão participar do teste

- Local da aplicação do teste (infraestrutura): Em um laboratório fixo? Em um salão de conferências ou em algum outro espaço através de um laboratório portátil? Utilizando ou não equipamento de gravação? Remoto ou não? Verba disponível para fazer os testes.

b) Cenários

Desenvolvimento dos cenários, seleção de tarefas relevantes para que os usuários testem:

- Preparação, experiências e refinamento dos cenários para estas tarefas.

Os cenários devem ter roteiros enxutos e que não representem um desafio impossível dentro do espaço de tempo disponível.

c) Recrutamento

Recrutamento de usuários que representem de forma acurada o perfil dos usuários potenciais.

Considere contratar os serviços de empresas especialistas em recrutamento para testes e pesquisas. Se recrutar por conta própria, construa um banco de dados de usuários para testes futuros.

d) Condução dos testes

A condução dos testes depende do preparo dos integrantes:

- Preparação de um facilitador treinado para interagir com os usuários.

- Preparação de observadores treinados para assistir, ouvir e tomar notas

- Preparação dos participantes para que saibam que estão ajudando ao experimentar o website

- Incentivo aos participantes para que "pensem alto" enquanto testam

- Permitir que os participantes expressem suas reações

O mais importante é saber ouvir e não direcionar. Treine os condutores para que permaneçam neutros nas palavras e expressões corporais. Evite questões direcionadas que podem fazer com que os participantes esquivem-se nas respostas.

Esteja preparado para tomar notas detalhadas e concentre-se mais nas observações sobre o comportamento do que nas conclusões de cada um.

e) Utilização dos resultados

Esta é a fase de compilação dos dados de todos os participantes com:

- Lista dos problemas que cada participante teve

- Organização dos problemas por prioridade e frequência de ocorrência

- Desenvolvimento de soluções

- Conserto dos problemas

- Testes da versão revisada para ter certeza que as soluções alcançaram o objetivo

Existem diversos tipos de testes. Confira alguns deles:

Teste básico

O usuário vem até o local de testes.

O cliente desenvolve os cenários.

Pequenos números: um ou dois usuários de cada vez.

Total de usuários: 5 a 12.

O cliente observa os comportamentos e ouve os comentários.

Pode ser formal ou informal, com resultados quantitativos ou qualitativos.

Condutor do teste e usuário não necessitam estar no mesmo local – pode ser feito um teste remoto.

Entrevista Contextual

O cliente vai até o usuário em casa ou no trabalho.

Usuários fazem seu trabalho (cenários diferentes para diferentes usuários).

Pequenos números: um ou dois usuários de cada vez.

Total de usuários: 5 a 12.

O cliente observa os comportamentos e ouve os comentários.

O cliente observa o ambiente e a tecnologia que o usuário utiliza.

Condutor do teste e usuário estão fisicamente no mesmo local.

Pesquisa Online

Questionários online usando ferramentas como o formulário do Google Drive ou serviços como o SurveyMonkey. Crie a pesquisa e solicite a seus clientes para que respondam. A vantagens destes programas é que eles criam planilhas automáticas com as respostas. Considere dar algum brinde ou desconto para incentivar as respostas. Algumas considerações:

Deve ter grande número de respostas para obter informações confiáveis.

Resposta automática: bom para listas de desejos, atitudes, experiências.

Insuficiente para comportamento na interação com o site.

Questões mais fechadas (sim/não, múltipla escolha, respostas curtas).

Pode incluir questões abertas, mas requerem maior análise.

Usuários podem estar em qualquer lugar.

Podem ser pesquisas simples ou séries interativas.

Entrevista Individual

Face a face, por telefone, "instante Messenger" ou chat.

Resposta automática: bom para listas de desejos, atitudes, experiências. Insuficiente para comportamento na interação com o site.

Pequenos números: um usuário de cada vez.

Total de usuários: 5 a 12.

Rich data – é possível seguir as questões.

Pode incluir questões fechadas ou abertas.

Focus Group

Pequenos grupos de discussão.

Moderado por um condutor treinado.

Todos no mesmo local.

Resposta automática: bom para listas de desejos, atitudes, experiências.

Insuficiente para comportamento na interação com o site, mas pode ser combinado com algum aspecto de teste comportamental de usabilidade

Discussões influenciadas pela dinâmica de grupo (pode ser bom ou ruim).

Pode ser feito através de uma reunião eletrônica (um fórum online, por exemplo), que permite o usuário ficar anônimo, mas reduz os efeitos da dinâmica de grupo.

Alguns pontos devem ser ressaltados com relação aos testes: A facilidade de uso é crítica, deve-se selecionar apenas o que o público-alvo tem necessidade e for relevante e organizar o conteúdo do teste de forma lógica para este público. Testes cognitivos são mais efetivos que questionários.

Existem soluções profissionais de empresas especializadas em pesquisas e testes de interface com o usuário. Através de estudos complexos – gravações em vídeo analisadas por psicólogos, *tracking* do movimento dos olhos, expressões faciais e movimentos das mãos utilizando o mouse – as informações são cruzadas e analisadas conforme o que é apresentado na tela. Tais testes são feitos com diferentes interfaces dentro de um mesmo projeto e pessoas de diferentes graus de envolvimento com o negócio apresentado.

Para os casos de verba curta, restam as soluções caseiras – nem sempre eficientes – como os testes online ou com pessoas conhecidas, porém não envolvidas com o negócio. Para se ter uma ideia do poder de um teste de usabilidade, se cinco pessoas de diferentes níveis de expertise com o assunto testarem o site, elas são capazes de detectar quase 90% dos problemas deste site.

Há ainda uma terceira solução que é deixar que os próprios consumidores testem, utilizando a interface enquanto fazem a compra. Não é preciso dizer que se trata de uma estratégia arriscada, pois estes consumidores podem falar mal do site antes mesmo dele se tornar conhecido.

Um consumidor mal humorado pode divulgar a ação em uma lista de discussão e, como todos sabem, na Internet as notícias viajam na velocidade da luz. Se, mesmo assim, for a escolha, incentive-os a responder – dando prêmios ou brindes – e obtenha informações sobre as principais dúvidas e problemas que se depararam durante a navegação e transações. Acolha as reclamações e esteja sempre atento para as sugestões. Isto pode ser feito de forma induzida, através de uma newsletter com um formulário de pesquisa anexado, ou de forma espontânea e livre, como um fórum de discussões ou um chat.

O objetivo principal deve ser tornar o site cada vez mais amigável e prático. Consumidor e lojista só têm a ganhar.

Principais Aprendizados

- Programe testes de usabilidade em seu site em diferentes fases do projeto com o objetivo de aprimorar a experiência do cliente.

- Faça os testes de acordo com seu orçamento, mas não deixe de fazê-los.

- Aproveite os canais de contato com o cliente para obter informações sobre a usabilidade e corrija os erros assim que forem reportados.

No próximo capítulo, a pergunta que nunca deve calar...

Seu cliente está satisfeito?

O trabalho de relacionamento em um website – institucional ou comercial – começa quando ele entra no ar. Algumas empresas não pensam desta forma, acreditam que é colocar no ar e ver o que acontece. Não levam em conta que o menor problema encontrado por um consumidor pode ser multiplicado pelo número de amigos nas redes sociais. Se o produto ou serviço ainda for altamente segmentado, consertar o estrago pode ser muito mais oneroso.

A loja que não dá a mínima para o que o cliente faz ou deixa de fazer dentro dela está condenada ao fracasso. A pergunta que deve ser feita com frequência é:

- "Você está satisfeito"?

Se a resposta for positiva, dê os parabéns a toda a equipe. Se for negativa, pergunte ao cliente:

- "Em que momento da visita, do processo de compra, da entrega do produto, do atendimento ou do pós-venda se deu a causa de sua insatisfação"?

E a pergunta principal nestes casos:

- "O que podemos fazer para que fique satisfeito"?

A satisfação do cliente é um indicador tão importante quanto o resultado de vendas. Pode-se dizer que este último depende diretamente do primeiro, pois é um indicador chave das intenções de recompra do cliente e também de sua lealdade.

Não preciso mencionar que isto também aumenta o valor dentro do ciclo de vida do cliente. Um estudo realizado pela Infoquest descobriu que um cliente totalmente satisfeito contribui com 2,6 vezes mais receita do que um cliente um pouco satisfeito. Mais ainda: um cliente totalmente satisfeito contribui com 14 vezes mais receita do que um cliente pouco insatisfeito. É óbvio que a satisfação contribui para um menor índice de reclamações e boca a boca negativos.

Um alto índice de satisfação também pode ser considerado um diferencial em um mercado cada vez mais competitivo. Pense em duas lojas que vendem o mesmo produto. O que faz você preferir uma delas?

Um relatório de satisfação da Accenture, feito em 2008, também constatou que preço não é a principal razão para a rotatividade de clientes e sim a má qualidade geral do serviço ao consumidor.

Na Internet, um único cliente insatisfeito pode causar sérios danos à sua marca. Portanto, nunca deixe o usuário à deriva. Providencie ajuda em tempo real quando possível ou deixe um número de telefone à vista para suporte ao cliente. Se, em qualquer ponto de sua interação com o site, algum problema o incomodar, esteja pronto para resolver de maneira satisfatória.

Caso consiga reverter a situação, pontos serão somados na relação com seus consumidores e, por consequência, na construção da marca. Como todo mundo sabe, um relacionamento tranquilo gera felicidade e a melhor propaganda que um estabelecimento comercial pode ter são depoimentos de satisfação de seus clientes.

Sua loja pode ouvir os clientes através de diversos canais:

- Através de um blog corporativo que também serve para educar clientes sobre seus produtos e serviços.

- Através das redes sociais, onde as respostas precisam ser rápidas e eficientes.

- Através de um canal no Youtube, já que o vídeo é muito mais persuasivo do que um texto.

- Através de newsletters informativas e promocionais.

- Através de pesquisas de satisfação.

Por fim, lembre-se que é mais barato reter clientes e transformá-los em recompradores do que conquistar novos clientes. O custo de aquisição de um cliente é seis vezes maior. As empresas adoram conquistar clientes e muitas investem fortunas nisto. Porém, se esquecem de investir na retenção e perdem a chance de obter muito mais receitas.

Principais Aprendizados

- A satisfação do cliente deve ser um mantra e permear todos os níveis da empresa. O índice de satisfação tem impacto direto nos resultados comerciais.

- Clientes satisfeitos não reclamam e nem propagam coisas negativas sobre a empresa.

- A rotatividade de clientes está mais relacionada a satisfação do que a preço.

- Amplie a satisfação do seu cliente através de um blog, redes sociais, vídeo, newsletters e pesquisas.

No próximo capítulo, a finalidade é mais importante que os meios.

Pense sempre na finalidade

O Boo.com, especializado em vestuário para um público de alto poder aquisitivo, fez um estardalhaço quando surgiu logo nos primórdios do comércio eletrônico. Porém, nem os mais abonados e-consumidores eram capazes de compreender a interface e os recursos tecnológicos do site. Para visualizar uma roupa era necessária uma conexão em banda larga – algo raro naquela época - e habilidades técnicas para utilizar os demonstrativos virtuais dos produtos. O Boo fechou as portas logo depois, após investir milhões no negócio. Moral da história: desenvolver um site para tecnólogos e tecnocratas quando se quer vender para o cidadão comum é como colocar arames e barricadas na entrada da sua loja ou mesmo ratoeiras nas gôndolas de produtos.

A tecnologia nunca deve ser o foco de qualquer negócio online. Os investimentos nesta área devem ser em função de torná-la imperceptível aos olhos do usuário.

Um site com infraestrutura tecnológica de qualidade é aquele em que ninguém percebe o que acontece nos bastidores, onde tudo funciona com fluência e facilidade.

Basta ver o sucesso da Zappos.com, que começou vendendo sapatos, mas hoje vende uma infinidade de produtos e acessórios de vestuário. O livro "Delivering Happiness", escrito pelo seu fundador Tony Hsieh, é leitura obrigatória para quem trabalha com comércio eletrônico. Ele criou a filosofia de "entregar UAU!".

Tony alinhou a empresa inteira em torno de uma missão: proporcionar o melhor atendimento possível. Apesar de "UAU!" ser uma palavra simples, faz parte do conceito ir adiante e além para agradar clientes, funcionários, fornecedores, parceiros, investidores e todos os que se relacionam com a marca.

Busque o UAU! em cada etapa do seu comércio eletrônico. O internauta deve se cadastrar sem que se complique com os campos e críticas de um formulário, ao incluir produtos na cesta, ao fechar o pedido, ao escolher a forma de pagamento e deve receber a confirmação sem um único atrito, sem mensagens de erro, sem panes no sistema.

Vender um produto na Internet que só pode ser visto se o cliente baixar um plug-in, instalar um software, baixar um *app*, é o mesmo que, em uma loja de música, fazer com que o consumidor vá até a loja ao lado, adquira um *headfone* e um player e volte para ouvir em seu estabelecimento. O "tempo de distração" aumenta e algum letreiro no meio do caminho pode desviá-lo da rota de sua caixa registradora.

Procure utilizar tecnologias difundidas que não exijam ginásticas de navegação. Deixe as novas tecnologias para os vanguardistas. Espere que elas se espalhem e, mais do que isto, sejam testadas e novamente testadas. Algumas vezes, a tecnologia usada é até simples – como o Java Script, por exemplo – mas deixa de ser funcional quando seu emprego exige que o consumidor adivinhe como navegar, como achar um produto ou acessar determinada seção. Criatividade é construir uma ambiente que tenha impacto visual e seja fácil de usar. Que seja surpreendente de tão óbvio.

Principais Aprendizados

- A tecnologia deve permitir a construção de relacionamentos melhores, personalizar a experiência e ser uma excelente ferramenta de pós-venda sem que o consumidor perceba. Eis o verdadeiro retorno do investimento em tecnologia.

- Encante seu cliente do começo ao fim da experiência de compra e além dela. Encante todos os seres humanos que se relacionam com sua marca. Os resultados serão extraordinários.

No próximo capítulo: promoção.

Promova-se!

Pior que deixar o cliente à deriva é abandonar o próprio negócio à própria sorte. E a pior estratégia de marketing é confiar no acaso. Alguns lojistas acreditam que basta colocar o produto na gôndola para vender e relutam em investir em divulgação da loja e seus produtos.

Não aja desta forma. Esteja sempre pronto para levantar questões sobre a comunicação ou apresentar sugestões que gerem exposição e visitação. Algumas ações têm custos ínfimos se comparadas às mídias tradicionais. Outras não têm custo algum, como uma troca de banner, um post nas redes sociais ou um click orgânico.

O comércio eletrônico requer conhecimentos integrados em diversas áreas como produção, vendas, administração, distribuição, finanças e marketing. Seus esforços de marketing só darão frutos se todas forem gerenciadas com eficiência e competência. Um único erro na logística de entrega pode comprometer a mais espetacular campanha de mídia online.

Um anúncio criativo é vendedor quando o produto e todos os serviços que o acompanham também são. Se o produto não for bom, se a forma como é vendido desagrada em algum aspecto, se o fluxo durante o processo de compra tem ineficiências tecnológicas, de design ou sinalização, se o relacionamento de pós-venda não existe ou se a empresa pratica preços incompatíveis com o mercado, não adianta gastar os tubos em publicidade, propaganda, promoção ou marketing direto.

Nestes casos, não há ação de marketing que dê jeito, seja para vende, seja para fazer *branding*. Uma dica simples é evitar ações inconsistentes, desalinhadas e sem planejamento. Antes de começar, defina claramente quais são os objetivos numéricos que a loja pretende atingir com a ação de marketing.

Exemplos de objetivos:

- Aumentar em 32% o número de cadastrados.

- Aumentar o ticket médio em 15%.

- Reduzir em 20% o número de contatos por telefone.

- Aumentar a receita em 12,5%.

- Aumentar o número de visitantes únicos em 200%.

Com objetivos em mente, estabeleça as ações que serão necessárias para alcançá-los. Defina também prazos e responsabilidades. Desenvolva um cronograma e verifique diariamente os resultados. Mude o que for necessário – a Web permite velocidade na redefinição de rumos – e construa um histórico das ações. Afinal, você precisa saber no futuro o que deu retorno e o que não deu.

O conceito criativo da peça precisa ser focado no resultado. Não adianta inventar firulas multimídia que não dizem a que vieram. Se o objetivo é institucionalizar a marca, crie uma campanha que a exponha de maneira construtiva. Segurança, rapidez, facilidade e confiabilidade são bons temas neste sentido.

Se o objetivo é vender, a linguagem tem que ser de varejo: descontos imperdíveis, compre-concorra ou compre-ganhe, preços incríveis. Em ambos os casos adeque a comunicação ao seu público-alvo e, mais do que isto, nunca subestime ou superestime a capacidade de compreensão de seus consumidores. Seja simples e direto, fale ao coração.

Além de ser uma mídia relativamente barata, se comparada com outros meios de comunicação, a Internet ainda possui outra grande vantagem: a análise de resultados é muito mais rápida. Toda ação tem sua reação e esta última é a fase mais importante e crítica de uma campanha de marketing digital.

Medir a eficiência da reação com rapidez permite alterar os rumos da campanha se algo não está dando certo e obter uma sinalização mais precisa dos próximos caminhos a seguir. É preciso avaliar as características de cada peça – mensagem, cores e formato – canal onde ela é veiculada, períodos de exibição, horários e dias da semana onde o retorno é maior ou menor, taxa de conversão.

As variáveis não são tão simples. Às vezes, uma peça pode gerar muitos clicks e ter uma baixa taxa de conversão, outras vezes, uma peça pouco clicada, pode ser muito mais eficiente, com um alto retorno em vendas. Portanto, medir resultados é fundamental para o sucesso.

Caso consiga construir uma estratégia sólida, bem conceituada e executada, com análises de cada ação e reação, sua loja caminhará em uma estrada cada vez mais segura dentro do marketing digital. Em uma estrada repleta de bifurcações, onde a diferença entre acertar e errar o caminho pode estar em um título ou em uma cor. Relatórios concretos são como mapas, através dos quais se pode avançar ou recuar com mais certezas.

Nos últimos anos, após o surgimento dos links patrocinados do Google, houve uma mudança conceitual no marketing, que deixou de ser um ato de interrupção para se tornar continuação. Ou seja, o sujeito está buscando algo e recebe sugestões de links que têm correlação com aquilo que ele procura naquele minuto, ao contrário do outro marketing, que interrompe seu filme para vender pasta de dente, algo que ele não tem o mínimo interesse naquele exato momento.

O Facebook também se tornou uma empresa bilionária após permitir níveis absurdos de personalização em seus anúncios. Hoje, até o padeiro da esquina pode criar e publicar um anúncio sem grandes investimentos na criação e na veiculação. E mais: pode saber se o anúncio é eficiente em tempo real.

A seguir, seguem algumas dicas para otimizar seus anúncios nos buscadores e nas redes sociais:

Título do Anúncio:

Use uma ou mais palavras-chave relativas ao seu negócio. De preferência, use caixa alta na primeira letra de cada palavra para chamar a atenção.

Uma boa dica sobre o título ou a primeira linha de descrição é fazer como se fossem manchetes de revista feminina. Veja umas capas e perceba como as manchetes tentam capturar ao máximo sua curiosidade. Uma boa técnica para aumentar click-throughs nas suas campanhas de AdWords é inserir depoimentos, testemunhais ou avaliações positivas de seu produto ou serviço feitas por gente ou publicações especializadas.

Algo do tipo: "Escolha da Info" ou "Primeira do ranking segundo a Exame". É óbvio que, para alcançar tais avaliações, o produto ou serviço precisa ser realmente muito bom, o que, por si só, já seria garantia de boas vendas.

Mas para aqueles que não têm a mesma sorte, segue uma lista de palavras poderosas quando bem inseridas nos títulos ou linhas de descrição dos anúncios:

"Instantâneo, espetacular, descubra, arrasador, sem fronteiras, único, urgente, imbatível, inovador, incrível, reforçado, garantido, alto nível, fenomenal, revelado, revolucionário, segredo, engenhoso, pioneiro, comprovado, passo a passo, inesquecível, estratégico, profundo, inestimável, irresistível, poderoso, chocante, espantoso, ilimitado, como fazer, você, super, hiper, tática, primeiro, estrondoso, surpreendente, capaz, free, grátis, barato, venda, oferta especial, oferta por tempo limitado, truque, dica, melhorar, de fato, aprender, sem juros, entrega ou frete grátis". Use-as em seus testes e compare os resultados.

Descrição:

Transmita o principal benefício do seu produto. Lembre-se que benefício não é o martelo nem o prego na parede, mas a sensação ao ver o quadro pendurado. Se houver mais de uma linha descritiva, reforce uma característica do produto ou faça uma oferta irrecusável.

Link:

Coloque o link da página onde está o produto ou serviço ou para uma *landpage* específica, de preferência criada especialmente para a campanha. Não jogue para a homepage do seu site, muito menos para uma página que não tem nada a ver com o que você vende. Direcione para uma página que envolva e tenha relação com o que está sendo anunciado.

Inclua tags de monitoramento que permitam monitorar cada anúncio depois.

As principais tags de monitoramento são:

- *utm_source:* a origem da campanha. Por exemplo: Google, Facebook, newsletter etc.

- *utm_medium*: a mídia utilizada. CPC, banner, e-mail etc.

- *utm_term*: identificador das palavras-chave utilizadas em cada anúncio.

- *utm_content*: pode ser usado para diferenciar os anúncios.

- *utm_name*: pode ser utilizado para incluir códigos promocionais ou de produtos.

Alguns serviços também diferenciam URL de visualização de URL de destino. A primeira é mais simples, do tipo www.website.com. A segunda é a completa que redireciona para a página específica e incluir as tags de monitoramento, como www.website.com/produto/?utm_source=google.

Imagens:

Um anúncio com imagem tem um CTR (taxa de cliques) de duas a três vezes maiores que os anúncios em texto. Historicamente, o melhor formato de banner no Google é o 300×250 pixels.

Fique atento nos anúncios de Facebook, pois não são permitidas imagens com textos que ocupem mais de 20% da peça.

No Google, escolha e trabalhe de 5 a 10 palavras-chave por campanha para ser mais eficaz. Faça uso de palavras-chaves negativas, como "-imóveis", por exemplo, para evitar clicks que não se relacionam com seu negócio.

Muitos dos serviços possuem ferramentas de leilão. Uma dica para o Google Adwords é tentar se posicionar, no máximo, na segunda posição dos anúncios, já que muitas pessoas clicam sem pensar no primeiro anúncio e só depois veem que não era bem aquilo o que procuravam. Como cada click custa dinheiro, esta é uma forma de evitar gastos com clicks indesejados.

Por fim, mantenha sempre dois anúncios no ar, em uma espécie de competição. Os veículos fazem uma randomização na apresentação dos anúncios, mostrando ora um, ora outro, mas dará preferência para o que trouxer mais retorno. Portanto, siga a os passos abaixo para otimizar seus anúncios:

1. Crie dois anúncios variando palavras e deixe os no ar por uma semana.

2. Analise qual teve o melhor desempenho.

3. Arquive o perdedor e crie uma nova versão para tentar bater o vencedor.

No marketing digital existem duas formas de gerar tráfego: pagar por ele ou obter tráfego orgânico. É a diferença entre SEM (Search Engine Marketing), os anúncios pagos, de SEO (Search Engine Optimization), os acessos orgânicos ao seu website, por exemplo. A impulsão de um post no Facebook é tráfego pago. Um artigo em seu blog ou o resultado de uma busca no Google que redirecionam para a página de um produto é tráfego orgânico, gratuito.

Muitos subestimam a importância de uma boa estratégia de tráfego orgânico. Investem em links patrocinados, mas desconhecem ou ignoram o poder de ações completamente gratuitas.

A seguir, disponibilizo algumas perguntas para guiar sua estratégia de SEO. Considere-as como um ponto de partida para um detalhamento de um plano maior de marketing e de aquisição de clientes através dos mecanismos de busca:

1. Qual é o objetivo primário do seu empreendimento e do seu website e como você mede o sucesso: Vendas? Cadastros? Clicks? Visitantes únicos? *Pageviews*? Todas essas métricas em conjunto? Identifique claramente quais são seus objetivos e defina suas principais métricas.

2. Qual é o seu público-alvo e o que eles realmente estão procurando?

3. Quais são as tendências gerais do seu mercado com base nas informações dos buscadores? Use o Google Trends (www.google.com/trends) para checar as tendências através de volume de buscas de suas palavras-chave.

4. Que palavra(s) mostra(m) o que a audiência está mais interessada? Use o Google AdWords Keyword Tool para descobrir os tópicos de maior interesse.

5. Como a maioria dos visitantes chega ao seu website? Use ferramentas de análise de tráfego externas (ex: Google Analytics) e internas (ex: Webtrends), em conjunto, para isto.

6. Quais são as páginas do seu site que geram mais tráfegos através dos buscadores? Use as informações de sites de referência dos Analytics para levantar esses dados.

7. Quais são as subcategorias de tópicos que atraem os mais qualificados clientes potenciais? Use informações de sua campanha de links patrocinados, como o Google AdWords e Facebook Ads, e cruze com dados de outras áreas da sua empresa para identificar quais são esses tópicos.

8. Quais desses tópicos combinam mais com a comunicação da sua marca, produtos, serviços e estratégia?

9. Qual é o cenário da sua concorrência? Use ferramentas como o Google Trends para analisar e compreender seus competidores, seus tópicos, palavras-chave e audiência.

10. Que necessidades de seu público não estão sendo satisfeitas – tente identificar os resultados pobres para alguns tópicos com volume relevante de buscas – e como seu negócio pode capitalizar isto?

Responda a cada uma dessas questões e veja seu website subir rapidamente nas buscas orgânicas e gerar mais resultados para seus negócios.

Desenvolva funis de vendas para catálogos e também para produtos específicos. Um funil de vendas é um processo de aquisição e transformação de prospectos em clientes com os seguintes estágios que vão se afunilando:

1. **Geração de Tráfego:** é o topo do funil. Marketing de Conteúdo, de buscadores e de redes sociais são formas de gerar tráfego. Você pode gerar tráfego pago, através de um anúncio, ou orgânico através de posts no blog, infográficos, *press releases* etc. Tráfego também pode ser utilizado para fazer *branding*, ou seja, ampliar o reconhecimento de uma marca, não apenas para vender. O principal objetivo da geração de tráfego é despertar a atenção para seu negócio, produtos ou serviços. O visitante está em busca de informação que ajude a ampliar seu conhecimento sobre um produto ou serviço.

2. **Geração de *Leads*:** o miolo do funil. Um *lead* é quando alguém que visualizou ou interagiu com um anúncio ou com um artigo em seu blog passa a considerar seu negócio ou produto. É quando um visitante se torna um prospecto. *Leads* podem ser gerados através de webinários gratuitos, estudos de caso, avaliações e depoimentos de clientes e através da página de descrição dos produtos e vídeos. *Leads* podem ser divididos em quentes e frios. O marketing de continuidade gera *leads* quentes, pessoas com interesse efetivo

na sua oferta. O marketing de interrupção costuma gerar *leads* frios, ou seja, quando não há um interesse imediato na oferta. O prospecto procura credibilidade, demonstrações de expertise na solução e, para isto, vai comparar sua oferta com a concorrência.

3. **Conversão:** a base do funil, o estágio de decisão. É quando um prospecto se torna um cliente, ou seja, efetua uma compra. Para incentivar as conversões, sua loja pode utilizar demonstrativos gratuitos, enviar amostras de produtos ou obter propostas sem compromisso. Nesta fase, o prospecto está pronto para dizer SIM para seu produto ou serviço e busca reforçar e validar sua decisão.

4. **Retenção:** o estágio além do funil, uma fase de estímulo e educação do cliente para prepara-lo e incentivá-lo para a recompra. Um bom serviço de SAC, pesquisas de satisfação, esteira de vendas por e-mail e ofertas personalizadas são as armas da retenção de clientes. Nesta etapa, o cliente continua a receber informações úteis sobre o produto ou serviço.

Principais Aprendizados

- Não permita que o acaso seja sua principal estratégia de marketing. Promova sua loja na busca de mais tráfego – pago e orgânico – que vai gerar mais leads, que vai gerar mais conversões.

- Monitore seus resultados e mantenha um histórico das ações para repetir as bem sucedidas e descartar o que não trouxe retorno sobre os investimentos.

- Capriche no título, descrição e imagem de seus anúncios. Redirecione-os para páginas específicas e não para sua homepage. Use tags de monitoramento para medir o sucesso de uma campanha.

- Defina uma estratégia de tráfego orgânico para reduzir investimentos de marketing.

- Crie funis de vendas que despertem o visitante para seu produto ou serviço, transforme-o em um prospecto, ou seja, faça-o considerar sua solução para tomar a decisão de compra e se transformar em um cliente. Após a compra, nutra o relacionamento para que ele compre novamente e se torne um defensor satisfeito de sua marca.

No próximo capítulo, uma palavra sobre organização.

Organização
é a chave do sucesso

Nada depõem contra uma loja como a falta de organização. O impacto na credibilidade é instantâneo. Ao acessar a homepage, o consumidor imediatamente descobre se está lidando com uma loja gerenciada por profissionais ou por amadores.

Portanto, faça questão de ter um Design Premium, estude bem a arquitetura das informações e a estrutura do catálogo de produtos, busque as melhores práticas de exposição e formas de despertar o desejo, atualize sempre que possível, responda às dúvidas dos consumidores e satisfaça seus anseios o mais rápido que puder. No quesito webdesign, evite vitrines muito longas com produtos de diversos segmentos misturados, fotos mal produzidas e navegação complexa demais para o pobre mortal.

Antes de contratar os serviços de um profissional ou uma empresa especializada no assunto, verifique seu portfolio. Muitas vezes, o barato pode sair muito caro. Um design pobre e amador, com toda a certeza, vai vender muito menos que um design profissional. Pense bem, afinal com que cara você gostaria de aparecer na frente de seu consumidor? Limpo, penteado e bem vestido ou maltrapilho, com barba por fazer e todo sujo?

Imagine uma loja cujo público-alvo seja formado por homens e mulheres, entre 8 e 80 anos, more em qualquer lugar do mundo e pertença a classe A, B, C, D ou E. Como você não é Jeff Bezos, sua loja não leva o nome de nossa querida floresta e seus recursos não permitem investir em um sistema de logística para tamanha variedade de produtos, atenha-se ao perfil do seu público-alvo e ao seu nicho.

Mesmo no mundo real, as grandes lojas de departamento são problemáticas, negócios arriscados onde qualquer problema de planejamento ou controle pode levar à bancarrota. Como bem disse Michael Dell, certa vez, "Não adianta pegar um mau negócio e transformá-lo em online. O que vai acontecer é que ele vai apenas se transformar em um mau negócio online."

Talvez seja este um dos erros mais graves do *e-business*: já que a Internet é sem fronteiras, o empreendedor pressupõe que o público-alvo é de um bilhão de chineses, a América Latina e o resto do mundo. Mesmo a Amazon, a *megastore* que nasceu em Seattle, tem um perfil de público considerado estratégico entre seus mais de 200 milhões de cadastrados planeta afora. E Jeff Bezos sempre trabalhou para torná-la lucrativa, cortando custos e direcionando o foco para segmentos de mercado mais lucrativos. O que isto tem a ver com design?

Qualquer linha de webdesign, mesmo os considerados de vanguarda, são conceituados para levar a mensagem da melhor maneira ao público-alvo, o "destinatário da mensagem".

Tomemos o exemplo de uma loja de roupas para gordinhos. Toda a comunicação – e isto inclui o design e a redação – precisa ser desenvolvida com o público em mente. O que agrada aos gordinhos – os destinatários da mensagem – vai desagradar aos magrinhos e pode não ser eficaz com pessoas contra ou a favor de dietas, incluindo um determinado segmento de obesos. Moral da história: é humanamente impossível agradar a todos.

O caminho mais seguro é basear-se em um plano de marketing bem desenvolvido, que contempla uma análise profunda da oportunidade, detalhamento das ações de marketing estratégico (perfil do consumidor e do mercado), das ações de marketing tático (perfil dos produtos e serviços), definição das ações e dos processos de controle. Com isto, aumentam as chances de sucesso, pois tudo se torna mais consistente.

Se você é um desenvolvedor ou designer contratado para criar uma loja, busque informações sobre o plano de marketing da empresa. Se não há um plano específico de marketing digital, pergunte pelo plano de marketing geral. Quando bem feito, é um documento que contém dados demográficos, psicográficos, sociais, políticos e econômicos, informações preciosas que guiarão não só o design e a redação, como a logística, o relacionamento nos serviços de pós-venda e as pesquisas de satisfação.

No plano de marketing também são encontradas informações sobre a concorrência e o famoso mix de marketing, onde são estudados as características, benefícios e diferenciais competitivos dos produtos, do ponto de venda, de preços e das promoções. Dirija o foco, a substância, o estilo para que sejam um espelho do consumidor quando este estiver diante do computador. Seja óbvio na interface, mas seja original no molho, no recheio que vai conquistar o cliente. Gerar identificação também gera pontos no relacionamento.

Portanto, não tente ser genérico. Se o produto vendido não for feijão, a simples exposição de uma imagem pode fazer com que o visitante se identifique com a loja. E aqui vai a regra de ouro: faça com que ele se identifique antes de descobrir o que a loja vende. No mínimo, você poupa tempo e dinheiro dos dois lados. Do cliente, porque fica livre mais rápido para ir em busca do que deseja e o lojista, porque não entope a loja de materiais elétricos com gente que procura eletrônicos. Como você já deve saber, acesso também custa dinheiro.

Principais Aprendizados

- A organização é um item crucial em todo e-business e deve permear todos os níveis do negócio.

- Desenvolva a comunicação, design e redação com o público-alvo em mente.

- Busque informações mais detalhadas sobre o negócio no plano de marketing da empresa. Se ela tiver um plano de marketing digital, melhor ainda.

No próximo capítulo, uma palavra sobre atualização.

Tenha sempre uma novidade para contar

Existe experiência melhor na Internet do que quando você retorna a um website e percebe que ele não tem as mesmas informações do último acesso? Por que, então, algumas lojas virtuais têm a mesma cara desde que foram ao ar pela primeira vez no milênio passado? Se há algo que o lojista não pode brincar é com a necessidade dos consumidores de verem coisas novas. Se uma vitrine de rua que nunca muda perde o impacto e vira parte da paisagem, imagine uma vitrine virtual.

Uma homepage que nunca muda passa a sensação de abandono, de loja fantasma e gera a inevitável crise de confiabilidade. Será que a loja ainda funciona, estes preços ainda são válidos ou, ainda, será que existe uma empresa confiável por trás do negócio? Só falta trazer aquele famigerado texto de rodapé: "Última atualização – novembro de 1999", o que representa a morte. Cada dia sem atualização passa a sensação da plaquinha "Saí para almoçar e já volto" pendurada por três anos na porta da loja.

Loja virtual profissional é atualizada com frequência. Mude, dinamize, randomize, dê sinais de que o negócio está vivo e que existem pessoas de carne e osso trabalhando do outro lado. Utilize vitrines que mudam a cada acesso, personalize a apresentação de acordo com a hora do dia, ofereça serviços de atendimento em tempo real. Simplifique o trabalho do gerente com agendamento de atualizações, equilibre as novidades com intervenções automáticas e humanas.

Faça um *benchmark* da concorrência e de websites destinados ao mesmo público-alvo. Veja de que forma e com que periodicidade eles são atualizados. Busque serviços e parcerias que gerem valor para o cliente e transforme a loja em parada obrigatória durante a navegação dos clientes que pretende conquistar e, principalmente, dos clientes conquistados.

Como um cliente reagiria diante de uma loja de produtos eletrônicos *high-tech* decorada como um armarinho de ferramentas e materiais elétricos? A primeira impressão pode ser a de descuido com os produtos, tratados como aparelhos comuns. No mínimo, levantaria suspeitas sobre a qualidade e a procedência das mercadorias. Da mesma forma, como um cliente apaixonado por cães reagiria diante de uma loja fria e sem emoção?

Quando as diferenças são berrantes, o visitante sente-se repelido e pode perder o interesse inicial. A inconsistência entre a substância e o estilo pode até não ser tão contrastante quanto nos exemplos acima e estar em partes do design ou em outros elementos incompatíveis. Portanto, preocupe-se com cada detalhe, pois eles têm o poder de influenciar a percepção do consumidor.

A arte de decorar conforme o perfil do produto e do público-alvo não é para qualquer um. Decoração, design, ambientação são ciências que integram a comunicação em seu sentido mais amplo. Ao colocar um objeto de arte sobre um móvel, você passa informações, mesmo subliminares, sobre o tipo de pessoa que você é. E o conjunto do ambiente pode falar mais sobre seu perfil do que uma conversa. Cada combinação de cor, cada forma, cada disposição envia sinais, um emaranhado de dados que podem ou não serem decifrados conscientemente.

Por que ser indiferente com o design, a decoração e a ambientação da loja virtual ou com qualquer outro tipo de *e-business*? Quando digitamos uma URL no *browser*, durante os milésimos de segundos que levam até a página carregar, esperamos ansiosamente que o que venha pela frente seja uma boa experiência. Se procuramos informações sobre um produto ou serviço, buscamos fontes que passem confiança. Se já temos uma decisão formada, esperamos encontrar a solução em um ambiente que nos transmita segurança.

Mesmo assim, são poucos os websites capazes de encher os olhos e a alma. A grande maioria destes é amador, sem conceito, pobres em design. Você percebe rapidamente quando foi criado por um estudioso das técnicas de comunicação visual ou quando foi parido pelo sobrinho *nerd* do diretor. Equilibrar substância e estilo constitui um trabalho teórico árduo de pesquisa, *brainstorming*, conceituação, talento, conhecimento de soluções específicas, além de exigir experiência prática no assunto.

Não bastar ter um computador, um editor de imagens, um CD de clip-arts ou saber HTML. É preciso planejar e criar até que se encontre o caminho que melhor transmita a mensagem ao destinatário, o usuário final que vai interagir com o website. Além de todas as habilidades acima, o webdesigner precisa ter noções de psicologia para persuadir e compreender o comportamento do internauta em seus diversos estágios dentro do funil de vendas. Definitivamente, um trabalho para profissionais.

Principais Aprendizados

- Atualizar constantemente a loja é imprescindível para fazer com que o internauta retorne sempre em busca de novidade.

- Lembre-se que a primeira impressão é a que fica e, para conquistar visitas frequentes, é preciso gerar identificação imediata e constante com o público-alvo.

- Um design profissional diferencia os negócios sérios dos amadores.

No próximo capítulo, as etapas da produção de uma loja virtual.

A produção de uma loja virtual

A integração entre design e tecnologia é, talvez, o grande segredo da interface. Todo o aspecto emocional - cativar e seduzir o consumidor - precisa rodar suavemente sobre a racionalidade dos processos e dos sistemas. Tecnologia é um assunto delicado e a escolha certa é fundamental para o sucesso de qualquer empreendimento digital.

Alguns preferem comprar soluções prontas, outros preferem desenvolver em casa. Muitos usam serviços online com templates e meios de pagamento já integrados, o que é recomendado apenas para pequenos negócios. Seja qual for o caminho escolhido, é preciso não deixar que as limitações de software inibam os objetivos de marketing e relacionamento com o cliente. Resumindo: tecnologia é meio e não fim.

Vamos trabalhar em um protótipo da loja, antes desta definição. Uma vez definidos conceito, escopo, arquitetura da informação e layout da loja, o primeiro passo da produção é desenvolver seu modelo de funcionamento. Existem diversas ferramentas que permitem construir protótipos, inclusive em HTML.

Costumo utilizar o PowerPoint para demonstrar toda a navegação, utilizando hiperlinks para ir e voltar entre os slides, simulando cada seção e página do website.

Desta forma, tenho em mãos um documento que, além de detalhar as funcionalidades serve como um guia das requisições e permite saber quantos botões, elementos e detalhes precisarão ser criados.

Utilizo o PowerPoint porque fica tudo em um único arquivo, pequeno em tamanho, fácil de ser enviado por e-mail e que pode ser facilmente convertido em HTML. Para ser mais funcional ainda, nomeio os títulos dos slides com o nome final do arquivo (ex: home, carrinho etc). Ao converter para HTML ele mantém os nomes e ainda permite a navegação sinalizada entre os arquivos. Com certeza, um guia que webdesigners e programadores vão utilizar muito na hora da produção.

Mesmo com a Internet chegando a velocidades inimagináveis de navegação, é importantíssimo observar o peso das páginas. Existem diversas ferramentas online que calculam e mostram o peso final comparando o tempo de download através das diversas velocidades de conexão. Isto ajuda muito na hora de verificar se o usuário final vai ou não penar para navegar. Mesmo em altas velocidades de transmissão, lojas têm que ser sempre rápidas, afinal, o processo de compra tem o *timing* das emoções, que não costumam durar muito tempo. Se o consumidor perder a paciência em qualquer uma das etapas, tudo vai por água abaixo.

O mesmo se aplica à infraestrutura de hardware e software, pois a rapidez não depende somente do design e sim do desempenho total do website: acesso ao banco de dados, eficiência das rotinas e das *queries*, capacidade de processamento da máquina ou das máquinas onde está hospedado e, é claro, o tamanho da banda destinada ao site. Um dos pontos que se deve ter sempre em mente é a escalabilidade. O objetivo de todo e-business é o crescimento constante.

Se você tem experiência com programação e optar por uma solução de desenvolvimento próprio, é preciso ser flexível e escalável também na montagem. Utilize os chamados "includes", arquivos independentes que são incluídos dinamicamente nas páginas ou linguagens que permitam orientação a objetos.

Tecnologia não é o foco aqui, mas valem algumas dicas. O website ter um único arquivo de menu ou um funcionalidade de sistema que traz produtos em destaque, que são requisitados tanto na homepage como na página do catálogo facilita muito a manutenção de sistemas. Se for preciso fazer uma alteração qualquer, basta alterar este arquivo para mudá-lo em todo o website.

Muito melhor do que abrir arquivo por arquivo, especialmente se forem trezentos. É bom lembrar que não precisa ser só o menu ou uma função do sistema. Includes servem para conteúdo, banners, botões, rodapés e para tudo que se repete em mais de uma página ao longo dos diretórios. Porém, é preciso estar atento à nomenclatura de cada um dos arquivos e suas chamadas para não haver erros. Em nossas montagens, costumamos deixar todos os includes ou classes de objetos em um diretório exclusivo, o que facilita na hora de procurar um arquivo para fazer uma alteração.

Página por página

Vamos chamar a homepage de pedra fundamental do website quando o assunto é criação e produção. Em uma loja virtual, ela ainda funciona como a moldura que envolverá todas as páginas subsequentes e, como toda moldura, o objetivo deve ser valorizar o conteúdo.

A utilização de includes transforma o website em um jogo de montar e encaixar peças para formar páginas consistentes e visualmente integradas. O trabalho minucioso nesta etapa permite que uma futura mudança no design possa ser feita alterando apenas a folha de estilo (CSS), por exemplo.

Portanto, a homepage é o primeiro *template*, a página onde se deve perder (para ganhar no futuro) mais tempo nos detalhes, layout, proporções, sempre com as funcionalidades em mente. Tanto para o usuário final quanto para o próprio webdesigner que será responsável pela atualização, a produção que segue estes preceitos vai economizar tempo de manutenção e também quando necessitar escalar.

Um dos maiores erros de design que se pode cometer na homepage é entupi-la de imagens e textos sem deixar áreas de respiro, um arejamento que facilite a leitura e torne o visual mais agradável aos olhos. É mais um dos desafios do webdesigner, assim como o conhecimento de tipologias e conceituação gráfica. Saber utilizar os espaços em branco é uma arte que precisa ser aprimorada com estudos teóricos e práticos de diagramação e proporção.

Eis os principais arquivos de uma loja virtual básica:

- **Homepage** – a vitrine, já descrita e devidamente proclamada a página mais importante da loja.

- **Cadastro de clientes** – o ponto crítico aqui é não torná-lo maçante. Precisa ser simples, direto, sem muitas perguntas. Deixe as perguntas qualitativas para uma pesquisa futura. Uma dica que funciona é retirar todos os links que não fazem parte do processo de cadastramento desta página, o que faz o usuário não se distrair e pular fora no primeiro link que desvie seu interesse.

- **Busca e resultado de busca** – estas páginas precisam ter um cuidado especial na organização dos combos de busca e na apresentação dos resultados. Facilite a vida do usuário que busca informação.

- **Catálogo de produtos** – facilite a navegação. Faça rascunhos e tente encontrar a melhor arquitetura da informação. Existem bons livros que esclarecem o tema mais a fundo. Permita que o usuário chegue rápido ao que deseja e também escolha o volume de informação que deseja.

- **Produto** – venda! Utilize imagens e textos atrativos no início da página – mostre os benefícios - e deixe os detalhes técnicos para a parte de baixo ou para uma página relacionada.

- **Carrinho de compras** – esta página é muito parecida com a página de resultado de busca, com alguns itens de navegação a mais. Precisa permitir que o cliente altere a quantidade de determinado produto ou mesmo o remova do carrinho, além de disponibilizar botões para recalcular valores ou continuar a compra. O botão mais importante nesta página é o "PAGAR" ou "CONCLUIR A COMPRA" e deve estar muito bem sinalizado no topo e, caso necessário, no rodapé da página. É também um bom lugar para sugerir outros produtos.

- **Pagamento** – é preciso, como já foi dito, sinalizar o processo de pagamento que contempla as páginas para escolha do endereço, forma de pagamento e a tela final com todo o pedido para que o cliente revise os itens.

- **Confirmação do Pedido** – é a tela de retorno. Aqui sua loja pode mostrar uma espécie de nota fiscal, sugerir novos produtos e agradecer a preferência.

- **Página pessoal do cliente ou Minha Conta** - status do pedido, últimas compras, permitir alterações de dados cadastrais, sugerir produtos, apresentar conteúdos exclusivos e fazer promoções são itens da personalização do relacionamento com o cliente.

Agora, vejamos cada uma delas em mais detalhes:

A Homepage

O miolo de cada página é onde o website acontece. Nele são vendidos os produtos, apresentadas as ofertas e montados os passos do processo de fechamento da compra. A vitrine ou homepage deve ter de duas a seis ofertas em destaque, separadas ou não por links diretos para um determinado catálogo. O ideal é que a apresentação seja personalizada de acordo com o cliente. Caso seja financeiramente inviável ou, ainda, se o número de produtos for insuficiente para uma ferramenta de sugestão, que seja, no mínimo, randômica. Na parte superior, deixe uma área específica para um grande destaque, que pode ser uma data comemorativa, lançamentos de novos produtos ou ofertas comerciais baseadas em preços e descontos. Uma boa solução é criar três ou mais vitrines e randomizá-las a cada visita do cliente.

O Catálogo de Produtos

A página de catálogo não é muito diferente daquelas placas que dividem as estantes em uma loja de departamentos. É onde o cliente para e se pergunta: "Onde é que eu encontro mesmo aquilo que procuro?" Em uma loja virtual, esta página é menos importante que o combo de busca, porém deve ser de fácil acesso. O cliente pode não encontrar o produto que procura na busca, mas pode verificar se existe algo similar, seja para substituir a intenção original ou para comparar preços.

Uma lista com as seções em forma de hyperlinks ou ícones que definam bem que tipo de produto cada uma delas inclui. Cuide para que a apresentação seja organizada, principalmente, se o catálogo for grande com muitas subdivisões. Permitir que o cliente ordene por ordem alfabética, maior ou menor preço e relevância ajudam bastante na busca. Cada tipo de negócio possui suas particularidades no catálogo, com apresentação de conteúdo específica. Os catálogos podem variar, além do tamanho, de acordo com os sistemas de comércio – B2C, B2B, entre outros – além de detalhes inerentes a cada tipo de produto.

Uma loja que venda alianças de noivado, por exemplo, deve permitir que o usuário escolha um tamanho diferente para o noivo e outro para a noiva. Catálogos online podem não estar integrados a uma ferramenta de comércio eletrônico, tendo uma função apenas informativa. Caso se trate de uma ambiente puramente institucional, cujo objetivo é apenas mostrar o que se produz e não vender, isto deve estar claro na homepage. Se o objetivo é vender, mostre produto e preço e trate de construir uma comunidade em volta, trazendo conteúdo pertinente ou informações que interessem aos clientes em potencial.

A apresentação deve se basear nestes modelos e no formato do catálogo: se são muitos produtos de um determinado tipo, se são poucos produtos com variações entre eles, se o preço e as formas de pagamento são diferenciais, se é um catálogo de fábrica, de distribuidor ou de varejista e, finalmente, se existem alternativas como catálogos impressos, vendas por telefone ou outros meios de compra. Catálogo na Web é interface.

A relação com a marca e com a comunicação da empresa deve estar explícita. Os catálogos online profissionais são ligados a sistemas de CRM que utilizam um repositório único de informações não só para trazer dados do produto como para conhecer profundamente os hábitos de compra do consumidor. Sua estrutura de funcionamento e suas ferramentas transacionais são como um motor novinho em folha e bem lubrificado, que roda sem sustos. Quer se inspirar? Visite, navegue e compre na Amazon. Não há um link, um gráfico ou um texto que esteja perdido na página. Cada informação tem um motivo específico para estar ali. Antes de produzir o catálogo, mergulhe em sua infraestrutura para saber que dados serão mostrados e de que forma.

Faça rascunhos, ganhe intimidade com a "árvore de produtos" e suas particularidades. Isto torna mais fácil a tarefa de apresentá-los ao consumidor e, mais importante, fazer com que ele entenda a navegação e encontre o que procura. Utilize ferramentas que permitem URLs personalizadas tanto no catálogo quanto nas páginas de produtos, pois isto é fundamental para a otimização em buscadores. Por exemplo: *www.nomedaloja.com.br/catalogo/aneis/* é uma URL formatada para facilitar a indexação dos mecanismos de busca muito melhor do que *www.nomedaloja.com.br/index.php?cat-id=9.*

A Página do Produto

Como visto no catálogo, as informações variam de acordo com o tipo de negócio. A página do produto precisa, basicamente, estar dividida em três partes: benefícios - as vantagens que o cliente leva ao comprá-lo - características ou diferenciais de performance e especificações técnicas, que podem ser simples, como formato e peso ou mais complexas, caso de requisitos para se rodar um software.

Divida a página de produtos da seguinte forma: na parte superior o cliente precisa encontrar um anúncio de revista, com uma bela imagem, um título criativo e uma chamada persuasiva, além das informações de preço.

O cliente rola a página para baixo e encontra, então, uma lista com os principais benefícios do produto e um folheto que mostra o que diferencia aquele produto de seus similares – concorrentes ou não. Um novo *scroll*, e ele chega ao final da página e encontra algo parecido com uma bula de remédio, com todos os detalhes técnicos sobre o produto.

Sistemas mais elaborados podem trazer avaliações de compradores, análises da imprensa especializada, produtos relacionados e sugestões de produtos adequados ao perfil daquele consumidor. Separe tudo em abas ou blocos distintos e de fácil identificação, lembrando-se que a estrela deve ser sempre o produto.

Se existe muita informação a ponto de tornar a página monstruosa, utilize um breve índice na lateral direita superior ou coloque um link para uma página de informações secundárias. É bom lembrar que os comandos de ação devem estar sempre visíveis, mesmo após cada *scroll*. Não podemos deixar que o cliente decida comprar o produto no meio da página e tenha dúvidas sobre onde encontrar o botão de compra.

Existem scripts que permitem manter itens à vista sem ter que retornar ao topo. Se o pequeno índice e os comandos de ação estiverem em um deles, você mata a charada. No mais, pense em variações do *template* de apresentação, especialmente se os produtos são muito diferentes entre si. Uma página sobre uma TV de 29 polegadas é diferente da página de um cortador de grama. Tratá-las da mesma forma é correr um sério risco de cair na mesmice.

O Carrinho de Compras

Quem conhece estrutura de roteiro de cinema sabe muito bem que um filme tem dois pontos de virada. O primeiro é aquela cena onde o herói é jogado no turbilhão das ações do segundo ato e o segundo é aquele que prepara os rumos do epílogo. Pode-se dizer que o primeiro ponto de virada da loja virtual é quando o cliente insere o produto no carrinho de compras. O produto desejado é aceito em suas condições, porém há um turbilhão de pensamentos que se formam nesta hora. Será que este produto é bom mesmo e vai atender minhas expectativas? Será que vale o custo-benefício? Será que devo realmente gastar com isto agora? Será que é seguro fazer a compra desta forma?

Insira um botão bem visível de "FINALIZAR COMPRA", com suas garantias – de segurança à satisfação ou seu dinheiro de volta – logo abaixo.

Evite qualquer erro de sistema neste momento, o que certamente vai comprometer a credibilidade da loja e jogar por água abaixo todo o esforço na conquista do cliente.

O melhor carrinho de compras é aquele que conversa com o cliente. Ele sugere novos produtos de acordo com seu perfil, mostra que quem compra aquele produto também compra outros e utiliza uma comunicação personalizada, onde é possível sentir um pouco de calor humano do outro lado e esquecer que o vendedor é uma máquina feita de chips e circuitos impressos no interior.

O bom carrinho também disponibiliza comandos para alterar quantidades, excluir produtos, recalcular valores da compra e do frete, continuar comprando e finalizar o pedido. Com relação ao webdesign, as formas de mostrar o que é preciso dentro de um carrinho de compras dependem da sua criatividade, mas não devem deixar de lado a usabilidade.

Sugiro que você visite muitas lojas virtuais, dos mais diferentes tipos de produtos e estude o funcionamento do carrinho de compras de cada uma. Procure entender como elas motivam o usuário a concluir sua compra, que apelos de design e texto impelem ao clique decisivo, ao segundo ponto de virada, ao momento onde o consumidor satisfeito só precisa de um empurrão final que o faça fornecer seus dados e confirmar o pedido, o segundo ponto de virada da história da compra. É óbvio que cada consumidor tem uma motivação diferente, que devem ser analisadas e estudadas através de testes de usabilidade, psicologia e dados colhidos nos sistemas de CRM.

Alguns estudos mostram que quase 70% dos internautas desistem da compra no carrinho. É um número significativo que realça como é importante evitar que as dúvidas da primeira virada se transformem em medos que paralisem a mão do cliente sobre o mouse ou que o façam correr dali antes da segunda virada.

Transmita segurança, passe credibilidade, dê garantias, valorize novamente um benefício do produto ou sobre como outros clientes estão satisfeitos. Seja o mais direto possível e não se furte em prestar suporte na primeira dúvida durante esta etapa, seja através de um chat instantâneo, Skype ou Whatsapp, seja em através de um e-mail colocando-se a disposição para entender a dúvida e solucioná-la rapidamente.

O Fechamento da Compra

Fechar a compra é um exercício de paciência, repleto de pontos de hesitação para o cliente virtual. São muitas as informações que ele precisa fornecer antes de receber a confirmação do pedido: dados pessoais, endereço de entrega, forma de pagamento (e suas informações subsequentes), tipo de envio, se se trata ou não de um presente, o que ainda vai requerer a escolha de um papel de embrulho e/ou a redação de uma mensagem. Se o usuário não está cadastrado no banco de dados da loja, estes formulários são inevitáveis.

O segredo é tornar a jornada até o final sem empecilhos. O mais importante é dirigir o cliente rumo à confirmação do pedido, contando seus passos, traçando um mapa do estágio em que se encontra ou apenas indicando que ele está na etapa X e o que falta para terminar. Se o cliente já comprou uma vez e permitiu que seus dados fossem gravados, evite que ele preencha novamente os mesmos formulários.

Melhor do que isto, programe um sistema de fechamento de compra instantâneo – como o OneClick da Amazon – que completa todo o pedido imediatamente após o cliente clicar em um único botão. Para isto, é necessário que o cliente dê autorização para que a loja guarde, além dos dados pessoais e do endereço de entrega, o número do cartão de crédito. Não é qualquer tipo de produto que necessita de um sistema desse tipo. Produtos digitais, como e-books e filmes, ou que precisam ser repostos, como suprimentos, são os mais indicados para este modelo.

No caso de um cliente não cadastrado ou de um cliente que não autorizou o sistema instantâneo, permita que ele escolha se deseja preencher um formulário com todos os campos de uma só vez ou se prefere quebrá-lo em pequenos formulários com um guia de andamento. Novamente, é estimulante pesquisar diversas lojas virtuais e ver como é o processo de fechamento de compra de cada uma delas, além de estudar os formatos que mais se adequam ao perfil da sua loja. Faça testes, pois eles permitem conhecer melhor o comportamento e as reações dos usuários durante o processo e refiná-las até que tudo funcione com perfeição.

Estas são as etapas necessárias para se fechar um pedido:

1 – O cliente incluiu um ou mais produtos em seu carrinho de compras e decide finalizar a compra;

2 – se já é conhecido, o sistema pede que este entre com seu login e senha (disponibilize um lembra senha para os esquecidos de plantão), caso contrário, abre um formulário para que este entre com seus dados pessoais (nome, e-mail, telefone para contato, sexo e data de nascimento);

3 – o cliente informa o endereço em que deseja receber a(s) mercadoria(s);

4 – escolhe a forma de pagamento e os dados complementares de acordo com a escolha - cartão de crédito, boleto ou depósito bancário, carteira eletrônica etc;

5 – define se é um presente ou não e, caso seja, escolhe um papel de embrulho e/ou cartão e escreve a mensagem que irá neste cartão;

6 – escolhe o tipo de entrega (comum, expressa etc);

7 – e obtém a confirmação do envio do pedido.

Uma loja mais simples pode ter apenas quatro passos:

- Cadastro de dados pessoais.

- Endereço de entrega.

- Forma de pagamento.

- Confirmação do pedido.

No formato de compra instantânea, o cliente pré-configura cada uma das telas e autoriza que a loja disponibilize um botão para que ele obtenha a confirmação do pedido com apenas um clique. Neste caso, disponibilize uma página pessoal onde ele pode reconfigurar ou alterar os dados sempre que desejar ou precisar.

A loja online profissional disponibiliza métodos para diversos perfis de clientes para que cada um escolha o que melhor lhe convém. Também usa os sistemas de atendimento em tempo real – chats - o que contribui para o aumento de consumidores que seguem adiante no processo de finalização da compra.

Aconselho a retirar todos os links que não sejam importantes para a finalização do pedido, mantendo somente o menu de navegação principal. Exclua até mesmo os links comuns ao rodapé. Isto evita que o cliente se distraia.

Hoje, existem sistemas que enviam um e-mail para o usuário dependendo de onde ele empaque durante o processo. Este e-mail leva instruções detalhadas para que ele retorne à loja no ponto onde emperrou e conclua o pedido. É claro que os investimentos vão ganhando volume na medida em que os recursos vão se tornando mais complexos ou requintados.

Cabe aos criativos – webdesigners e webwriters – transformar cada passo, cada tela de retorno, cada mensagem (positiva ou negativa), em argumentos que guiem o cliente rumo ao alvo final, a confirmação do pedido.

O Cadastro de Clientes

A página de cadastro é outro formulário que ganha com planejamento. Desde a ordem dos campos até a especificação de tamanhos visuais e de preenchimento dos mesmos, tudo contribui para a fluidez. Um bom caminho é organizar os campos em blocos distintos como Dados Pessoais, Endereço e Login/Senha.

Evite também as perguntas qualitativas que podem irritar. O prospecto está a fim de comprar e não de responder um questionário de marketing. Algumas lojas preferem quebrar as categorias de dados em páginas sequenciais. Isto aumenta o número de cliques – o que dá margem a erros, mas é necessário quando existem grupos de clientes distintos como pessoas físicas ou jurídicas. Um auxílio importante no cadastro, seja ele feito antes ou durante o processo de compra, é o preenchimento de alguns campos do endereço, como logradouro, bairro, cidade e estado, com base no CEP.

A chave aqui é: seja consistente. Não mude os procedimentos de um formulário para outro, utilize um sistema de sinalização integrado que indique claramente a etapa onde o usuário se encontra e o que falta para chegar ao final.

Minha Conta - A Página Pessoal

Uma página pessoal simples precisa ter, no mínimo, três links: alterar dados cadastrais, ver status do pedido, ver pedidos anteriores.

As mais complexas podem ter conteúdo e sugestão de produtos de acordo com o perfil do cliente, permitir que este acompanhe a entrega de seu pedido e tenha formulários para cancelar ou devolver a compra. O máximo da personalização é permitir que o cliente configure sua página pessoal, indicando o tipo de conteúdo que deseja ver, que produtos podem ser sugeridos e que newsletters quer receber.

A personalização também pode variar de acordo com a política de cada loja. Prefira que o usuário entre com seu e-mail e senha para se logar no sistema do que a identificação seja feita através de cookies. Evite a abominável frase "Olá, Fulano, seja bem-vindo. Se você não for o Fulano, clique aqui!". É o mesmo que entrar em uma loja e o vendedor vir em sua direção com os braços abertos, um sorriso no rosto e lhe chamar pelo nome. Até aí tudo bem. O problema é quando ele fica em dúvida sobre seu nome, pergunta se é aquele mesmo porque, caso não seja, ele vai te encaminhar para o setor de cadastro. Que cara chato! Use *cookies* no marketing.

A página pessoal varia de acordo com o tamanho e o tipo de conteúdo (comercial ou editorial) disponível. Na composição desta página, como em qualquer outra, o sucesso depende do planejamento inicial. O sistema de *includes* é um grande aliado nos dias de hoje, pois permite a montagem de blocos com base em arquivos únicos e independentes. Você constrói uma grade e a preenche de acordo com as requisições e customizações de cada usuário. Quando precisa alterar algo, muda apenas o *include* específico.

Utilize a página pessoal para incrementar o nível de relacionamento com o consumidor e para monitorar suas preferências e caminhos. Dê descontos, recupere carrinhos passados abandonados, promova produtos pelos quais já demonstrou interesse, transforme-o de experimentador em comprador, de comprador em recomprador, de recomprador em defensor de sua loja e lucre cada vez mais com isto.

Principal Aprendizado

Dê atenção especial a cada página de sua loja e suas particularidades. Antes de produzir cada uma delas, crie um documento de arquitetura usando o

PowerPoint e especifique cada detalhe para que a experiência do usuário seja única em cada página.

No próximo capítulo, vamos falar de marketing.

Não basta colocar no ar, tem que comunicar

Como já foi dito, não basta colocar a loja no ar, é preciso promovê-la. Pense em estratégias e táticas para atrair, despertar desejo, criar necessidades, mostrar que sua empresa tem o produto ou serviço que o internauta precisa conhecer e comprar. Muitos lojistas acham a propaganda desnecessária e inútil, porque não foram bem sucedidos em ações passadas ou nunca experimentaram. Outros acham que é só colocar a loja no ar e os clientes virão correndo como um enxame de abelhas desesperadas pelos produtos.

As causas do insucesso são muitas e nem sempre se resumem aos empreendedores, passam também por agências e veículos. Criatividade demais muitas vezes vende o peixe da agência, mas não vende o produto. Inflexibilidade nas formas de veiculação também, assim como mensagens incompletas ou inconsistentes que passam raspando ou muito longe do alvo, sem contar aquelas que trazem mais malefícios do que benefícios.

Ações isoladas e sem posicionamento soam como o vendedor de picolé na praia: alguns ouvem, outros não, alguns não estão a fim e desprezam, volta e meia um compra. Se o vendedor não aparece mais, ninguém sente a menor falta. Imagine um vendedor de picolés que divulgue seus produtos através de panfletos, faixas em aviões, equipe uniformizada, material de venda com apelo e outras soluções promocionais mais abrangentes como patrocínios de eventos esportivos ou culturais na areia.

Qual dos modelos é mais eficaz? O objetivo deste exemplo é mostrar como uma estratégia de marketing bem conceituada e integrada, planejada sobre informações sólidas de mercado, público e percepção de preço é fundamental para qualquer estabelecimento comercial, seja ele grande, médio ou pequeno. Se você é o responsável pelo marketing de uma loja virtual, pense nos meios mais eficazes para vender seu picolé para o público-alvo para obter maiores retornos.

Na Internet, durante muito tempo, propaganda foi sinônimo de banner. Desde que a AT&T colocou um tijolinho estático com sua marca na homepage da revista HotWired em 1994, muito já se discutiu sobre sua eficiência com estudos profundos sobre taxas de retorno e cores mais impactantes. Muitos usaram com criatividade, porém, a grande maioria, usou de forma desprezível e o banner hoje está praticamente morto. É o mesmo que aquele painel na porta de um táxi, não funciona sozinho. Precisa ser combinado com hotsites que aprofundam a mensagem, campanhas de e-mail marketing estruturadas e explorar a interatividade e, mais do que tudo, a criatividade que o meio permite.

Se o objetivo de um comercial de TV é fazer com que as pessoas, no mínimo, pensem na mensagem apresentada enquanto continuam a assistir seu programa favorito e que, no dia seguinte, se lembrem dela, o objetivo da mídia online é dar continuidade aos desejos do usuário, levá-lo até o site e convencê-lo a fornecer os dados de seu cartão de crédito sem pestanejar. Na primeiro caso, o caminho entre a comunicação e a compra é mais demorado e sujeito a esquecimentos, no segundo, tudo pode acontecer em poucos segundos.

Com os buscadores, os links patrocinados e as redes sociais, os banners se tornaram mais inteligentes, adequando-se aos resultados da busca, ao contexto das páginas e ao perfil do usuário. Isto fez o marketing atingir um novo patamar, deixar de ser interrupção para se tornar a continuação de experiências, elevando a taxa de retorno e o engajamento dos clientes com a marca.

Toda loja que se preza nos dias de hoje, deve ter uma Fan Page no Facebook e uma conta no Twitter, botões de compartilhar em todas as páginas, funcionalidade que aumentam em até sete vezes o número de menções nas redes. Algumas chegam ao ponto de ter uma conta no Twitter para promoções e ofertas e outras para SAC. Outras prestam suporte através de aplicativos, como o Whatsapp. E, toda loja que quer vender, precisa de uma excelente estratégia de comunicação que englobe as mídias on e off-line, redes sociais, buscadores - SEM e SEO - e e-mail marketing.

Porém, nunca se esqueça de que preço é o principal motivador da finalização de compra, segundo pesquisas. E preço no comércio é um fator que começa na compra dos produtos junto aos fornecedores. O cliente também tem hoje uma infinidade de recursos para comparar preços entre lojas. Desenvolva uma estratégia de preço consistente para cada um dos produtos vendidos.

Principais Aprendizados

- O comércio não vive apenas de ponto. É preciso promover constantemente.

- Desenvolva ações integradas de marketing que gerem consistência e ampliem a confiança do consumidor.

- Esteja atento aos novos canais de comunicação e relacionamento com seu cliente.

- Pesquisa a concorrência e estude o mercado para oferecer preços compatíveis e atraentes.

No próximo capítulo, vamos dar um mergulho no e-mail marketing.

E-mail marketing converte

O e-mail é a peça mais contundente de marketing digital. E, justamente por isto, a mais perigosa. A Internet é rápida como meio de divulgação, mas também pode ser fulminante na destruição de uma marca, de um produto ou serviço. O e-mail é algumas dezenas de vezes mais eficiente que um anuncio e muito mais nocivo se for utilizado de forma indevida.

No caso da loja virtual, existem duas formas o e-mail:

- Como uma ferramenta de comunicação – promoção, lançamentos e ofertas de produtos.

- Como ferramenta de relacionamento entre a loja e seus consumidores. Como exemplo, as mensagens de resposta após uma questão apresentada pelo cliente ou a confirmação de um pedido. Pense em como você vai responder a um cliente que faz uma reclamação sobre a demora na entrega ou como explicar a recusa de um pedido devido a problemas com o cartão de crédito.

Três conselhos simples e diretos:

- Evite o spam. Envie somente mensagem para quem solicitou.

- Dê a opção de descadastramento para quem não deseja mais receber seus e-mails.

- Seja útil e ético com seu cliente.

Em cada um dos e-mails, seja cuidadoso na composição da mensagem, mostre como sua empresa valoriza o relacionamento, escreva corretamente – cuide da ortografia e da gramática – e, antes de tudo, seja educado. Também não custa lembrar que o cliente tem sempre razão.

Procure ser consistente nas mensagens. E consistência não significa que todas as peças devam ser iguais, mas que o conteúdo da mensagem transmita o posicionamento da empresa com clareza para o público, sua cultura. Mostre ao mundo que, mais importante do que o negócio que sua empresa pratica, é como ela pratica o negócio.

Avalie os resultados de suas campanhas de e-mail marketing para saber o que funciona e o que não funciona. Boas ferramentas permitem detalhar taxas de entrega, de abertura e de cliques, além de informar os descadastramentos.

A Internet é o meio que ressuscitou o marketing direto. Porque foi feita sob medida para ele: reduziu custos de implementação, aumentou as taxas de retorno e permitiu uma avaliação muito mais rápida dos resultados. E este, a meu ver, é seu grande diferencial em relação aos outros meios. Poder alterar uma peça tão logo sua ineficiência seja percebida, ação impossível em um filme de TV ou anúncio de jornal.

Na mídia online é possível saber, em tempo real, o número exato de pessoas que estão clicando na campanha de AdWords ou que abrem a newsletter. A empresa que investe em marketing digital e não utiliza as ferramentas de medição, com toda a certeza, está jogando dinheiro fora. O retorno é subsídio também para os criativos que muitas vezes penam para saber se foram compreendidos, se a forma e o conteúdo utilizados causaram o impacto desejado.

Finalmente, não tente vender marca, produto e serviço em uma peça só. Uma mensagem de cada vez é o princípio número um para quem deseja ser compreendido. A segmentação de mensagens de acordo com os perfis de clientes também é uma excelente maneira de ampliar seus resultados.

Principais Aprendizados

- Use bem o e-mail tanto para se promover quanto para se relacionar. Seja útil e ético.

- Seja consistente em sua comunicação por e-mail. Isto reforça a imagem da sua marca e aumenta a credibilidade.

- Avalie os resultados e as métricas para tornar suas campanhas de e-mail marketing cada vez mais efetivas.

- Foque em uma mensagem de cada vez. E-mails muito extensos convertem menos do que a comunicação específica e segmentada.

No próximo capítulo, uma palavra sobre testes.

Teste, teste e teste novamente!

Um mês de testes pode parecer uma eternidade para quem deseja recuperar investimentos, porém submeter a loja virtual a batalhões de testes antes do lançamento é uma prática recomendada para evitar erros, o que certamente irá prejudicar os resultados. Quanto menos testes forem feitos, maior a probabilidade dos problemas.

Reúna grupos com interesses diferentes – um totalmente envolvido no projeto e outro que não tem a mínima ideia do que se trata – e solicite para que façam testes destrutivos. Um teste destrutivo consiste em abusar da capacidade de compreensão e incompreensão do servidor e do sistema:

- Preencha formulários e teste os scripts de validação dos mesmos. Insira caracteres incomuns nos campos.

- Inclua e exclua dezenas de produtos e suas combinações no carrinho de compras. Recalcule valores da compra com o carrinho vazio.

- Navegue por todas as páginas e cheque todos os links, especialmente os de acesso aos produtos. Confira se as imagens estão corretas.

- Teste a busca simples e a busca avançada, além da ordenação de produtos. Faça diversas buscas e compare resultados.

- Cheque questões de segurança. Procure brechas que possam ser utilizadas por hackers, como SQL Injection. Confira se o acesso via *https* retorna a mensagem correta de um servidor seguro.

- Solicite uma revisão completa em todos os textos da loja.

Enfim, teste e descubra o que pode dar errado no funcionamento do sistema ou durante a navegação. Você vai se surpreender com a quantidade de erros não previstos.

Portanto, reserve um bom espaço em seu cronograma para os testes internos e externos e continue testando após o lançamento. Nesta fase, é possível até pedir gentilmente que clientes testem e comuniquem possíveis problemas com uma sinalização de que se trata de uma versão beta da loja.

Deixe um canal aberto para que reportem o menor erro encontrado, conserte-o o mais rápido que puder e comunique o cliente que reportou o problema. Você vai perceber que muitos clientes reclamam de erros em que os culpados são eles mesmos e, mesmo nestes casos, seja polido e tente ajudar o máximo que puder.

Sites transacionais, como um e-commerce, devem ser constantemente testados. Atente para as dúvidas de navegabilidade e usabilidade, acesse a loja de computadores, tablets, smartphones com sistemas operacionais diferentes e faça testes, não somente da máquina, mas das pessoas que estão por trás dela. Use a técnica do cliente oculto para chegar se a equipe de suporte atende educadamente, se dá respostas satisfatórias, se resolve os problemas dos clientes. Não adianta um carro com motor azeitado se o motorista é um troglodita no trânsito. Uma hora ele bate de frente.

O melhor perfil de *beta testers* de uma loja virtual é o seu público-alvo. No entanto, testes com clientes – as famosas pesquisas de opinião – devem seguir critérios para que não causem mais aborrecimentos do que vontade de ajudar.

Primeira regra: nunca obrigue o cliente a nada. Deixe o cliente responder se tiver vontade ou crie formas de incentivo, como um prêmio para quem responder ou ainda, um concurso. Evite utilizar os formulários de transação da loja – cadastro e pedido – para fazer perguntas que nada têm a ver com estes processos. Crie um botão do tipo "Algum problema com este site?" ou "Podemos te ajudar?" e mostre-os de forma sutil em algumas páginas mais sensíveis, como busca, cadastro e carrinho. É evidente que o melhor é não perturbar o cliente com mais formulários, mas para isto é preciso permitir experiências como as de uma compra off-line bem sucedida: opções, flexibilidade e sinalização.

Para montar questionários, contrate uma boa assessoria de marketing. Baseie-se nos testes de usabilidade e observe seus clientes enquanto navegam pelo catálogo de produtos, fazem um cadastramento, um pedido ou utilizam a ferramenta de busca. Mais do que isto, tente avaliar a confiança de cada um na loja. Programe os testes que forem necessários para que a experiência seja 100% em todos os aspectos e fases do processo. Procure saber o que funciona bem, o que agrada e o que não agrada e faça ajustes para adequar a loja, cada vez mais, ao gosto do cliente.

A forma mais eficiente de saber se um cliente está satisfeito é observá-lo. Experimente entrar em uma loja de tijolo e cimento e observe os clientes enquanto eles procuram um produto, transitam pelas gôndolas e prateleiras, quando solicitam a ajuda de um vendedor ou como se comportam na fila do caixa.

Você verá que basicamente existem três tipos de cliente: o navegador, aquele que diz "Estou só dando uma olhadinha", o eminente, aquele que vai comprar pela primeira vez e o experiente, que sabe o que quer e conhece bem os caminhos dentro da loja. Estes tipos se misturam: as vezes um cliente experiente entra somente para olhar, o eminente fecha uma compra com a segurança de um cliente antigo e o navegador desiste de só olhar e efetua uma compra. Porém, na maior parte dos casos, os tipos são facilmente reconhecidos.

Você seria capaz de desenhar a loja para se comportar de acordo com cada um destes perfis? Seria um ambiente complexo do ponto de vista tecnológico? Qual seria sua ação se, em determinado momento, confundisse um tipo de cliente com o outro? Responda estas perguntas e você vai encontrar, no mínimo, maneiras de atender melhor cada pessoa que acessa sua loja. Lembre-se que não basta ter um design magnífico e um sistema a prova de falhas. É preciso ter os produtos certos na hora certa, a melhor logística e uma estrutura de pós-venda irrepreensível, com atendimento "Premium" e esforço de todas as áreas para que a experiência de compra seja inesquecível.

Principais Aprendizados

- Programe testes simples e complexos para garantir que a loja entre no ar a prova de erros.

- Peça ajuda ao cliente, indique que se trata de uma versão beta e abra os canais de comunicação para que reportem erros.

- Customize sua loja para o cliente "navegador", para o eminente e para o experiente. Antecipe os erros que cada um deles pode encontrar.

No próximo capítulo, um pouco de exercício.

Exercite

A experiência – não importa a profundidade da teoria – só é conquistada com a prática. Criar lojas virtuais não é algo que se aprenda do dia para a noite, muito menos através de um único livro. É preciso mover o mouse e colocar em prática o que se aprende um dia após o outro, um problema após o outro, um elogio após o outro.

Use os problemas para evoluir e impeça que elogios ajam como gás paralisante e causem o terrível defeito da presunção. Deixe a vaidade aos que não têm outra coisa para exibir. Os 10% de talento não vão sobreviver sem os 90% de transpiração. Então comece a colocar o talento e a transpiração para trabalhar nos exemplos abaixo e exercite o que você aprendeu.

A profundidade dos exercícios depende exclusivamente de você. Quando mais etapas cumprir, mais afiado estará quando o negócio for para valer.

Escolha uma das lojas abaixo para exercitar:

- Animais de estimação

- Produtos eletrônicos portáteis (tablets, câmeras digitais, smartphones, net books etc)

- Roupas para obesos

- Automóveis usados

- Perfumes

- Comida Chinesa

Ou alguma outra que você quiser.

1. Planeje

Faça anotações sobre tudo o que você pode criar para a loja escolhida, descreva seções, especifique as áreas, que serviços podem ser oferecidos, rabisque ícones, crie chamadas e pense em tudo o que pode incrementar o relacionamento com o consumidor final. Não se prenda a uma única ideia. Deixe a mente fluir e anote até o que parecer mais esdrúxulo.

Defina o conceito a ser seguido. Faça um rascunho estabelecendo como produtos serão mostrados, que cores e tipos serão utilizados e como as seções serão apresentadas.

Desenhe o mapa do site. Quais serão as páginas que constituirão a versão inicial da loja, marque o que é estático e o que é dinâmico, o que é randômico e o que é fixo. Escreva algumas linhas detalhando o que o consumidor vai encontrar em cada uma das seções.

2. Arquitete

Desenvolva um documento PowerPoint com a arquitetura de navegação e insira todas as informações importantes em cada seção e página.

Crie a primeira cara gráfica da homepage. Defina a resolução e diagrame a vitrine. Distribua as áreas de exposição de produtos, menus de navegação, destaques de serviços e setores de comunicação.

3. Crie

Crie as principais páginas internas da loja virtual: o carrinho de compras, a página de um produto, o caixa.

Desenhe os ícones ou botões de comandos de ação: Colocar no Carrinho, Finalizar Pedido, Ver carrinho, Minha Página, Recalcular Valores, Calcular Frete, Excluir Produto, Continuar a Compra, Voltar, Buscar, Enviar e outros mais.

Monte seus arquivos em HTML, um protótipo navegável com as páginas principais: home, catalogo, produto, carrinho.

Navegue por sua loja, faça testes com pessoas próximas e colha opiniões: perceba o que agrada e o que não agrada, que ações são intuitivas e o que pode ser simplificado. Procure descobrir como as pessoas se comportam diante de cada tela observando suas reações, o movimento de seus olhos e de suas mãos. Incentive-as a pensar em voz alta enquanto navegam por seu protótipo. Faça anotações e depois altere o que for necessário.

4. Produza

Se o exercício for para valer e envolver a parte de sistemas, discuta cada página com o técnico responsável.

Crie as chamadas de marketing dos produtos, serviços e da própria loja.

Caso você não tenha experiência com HTML, tecnologias de programação ou bancos de dados e não faz questão de aprender, vá até onde você acha que deva ir. Mas lembre-se que, quanto mais se aprofundar nas partes técnicas, mais segurança terá sobre o negócio como um todo.

5. Teste

Faça os testes de usabilidade e de funcionamento necessários. Não faça você mesmo os testes. Peça ou contrate ajuda de outros testadores ou até mesmo clientes beta.

6. Lance

Como já foi dito, não basta colocar a loja no ar e deixar o marketing por conta do acaso. Tenha, antes mesmo de fazer o primeiro rascunho da loja, um plano de marketing para fazer com que seus clientes te encontrem. Crie funis de vendas para os produtos e transforme visitantes em prospectos, prospectos em clientes e clientes em vendedores da sua loja.

Conclusão

Vale repetir o que foi dito no início, as dicas deste livro mudam com a mesma velocidade da Internet, principalmente as que envolvem tecnologias, sites de referência e de exemplos. Basta ver a distância que separa o Boo.com do Zappos.com, do que era a Amazon e o que se tornou, dos avanços em sistemas e marketing digital ontem e hoje.

As tecnologias estão sempre se renovando, mas os conceitos do comércio perduram além dos meios e do tempo: comprar e vender, saber se comunicar, transmitir credibilidade, satisfazer as necessidades do consumidor, atender bem, prestar um bom serviço.

O modelo AIDA, criado por Elmo Lewis e difundido por E.K.Strong em seu "Teoria de Vendas", existe desde o final do século 18 e não muda:

Desperte a ATENÇÃO dos navegantes para sua marca. Ajude-os a ampliar o conhecimento sobre um produto ou serviço. Esteja sempre atento às novas formas de aquisição de clientes, sejam elas pagas ou orgânicas.

Crie INTERESSE. Disponibilize informação e conteúdo que faça com que o visitante te considere. Passe segurança e autoridade no assunto. Trabalhe constantemente para aumentar a credibilidade do seu *e-business*.

Gere DESEJO. Capriche no design, na usabilidade, no conteúdo e no suporte para que o cliente não tenha outra opção a não ser comprar de você. Use motivadores emocionais para conduzir o prospecto ao longo do processo decisório até que se transforme em um cliente. Dê argumentos, subsídios e razões para validar sua decisão.

Convide-o para AÇÃO. Disponibilize botões e comandos simples e "encontráveis". Após a tomada de decisão, você precisa dar um empurrão final para que o cliente não volte atrás. Evite erros no processo, destaque o quanto é seguro e ajude sempre que for necessário.

E, depois disto, não abandone seu cliente. Estimule-o sempre com newsletters úteis e atraentes. Eduque-o. Prepare-o para novas compras. Disponibilize excelência no pós-venda com bom atendimento, pesquisas de satisfação e ofertas personalizadas. Invista em estratégias de retenção do cliente.

Portanto, sempre tenha em mente estas etapas do pré e do pós-venda, seja na construção de uma loja física ou online. Pense em cada etapa do seu comércio eletrônico e na sua apresentação seja em computadores, seja em tablets, smartphones ou smartvs. Cuide do seu cliente independente das tecnologias disponíveis no momento.

Estude e tente replicar casos de sucesso, aprenda com os fracassos, mantenha-se em constante aprendizado e venda cada vez mais.

Que sua loja seja motivo de orgulho para você e para seus clientes.

Sucesso!

Sobre o Autor

Sou escritor e empresário. Durante vinte anos, trabalhei com gerenciamento de projetos, marketing digital e desenvolvimento de sites e lojas virtuais. Hoje, escrevo para quem escreve. Meu objetivo é motivar e ensinar novos escritores os caminhos da autopublicação e da autopromoção. Acredito que incentivar a escrita é incentivar a leitura. Meus livros mostram razões, estratégias, dicas e passos para você planejar, escrever e lançar melhores livros e ampliar sua credibilidade e visibilidade como autor.

Escritores, blogueiros, especialistas, empreendedores, produtores de conteúdo e redatores encontrarão em meus livros informação de alta qualidade pelo preço de um café.

Em meu tempo livre, gosto de filosofar, caminhar, jogar futebol, ler e... ESCREVER. Sim, também escrevo nas horas vagas!

Livros Publicados

Confira a lista completa de livros publicados por Eldes Saullo em: **www.eldessaullo.com/livros**

Eis alguns deles:

- Marketing de Aplicativos – A Fórmula Infalível Para Planejar e Lançar Apps Mobile de Sucesso

- E-Book Expert – Como Planejar, Escrever e Lançar um Best-Seller de Não Ficção

- E-book Marketing - 50 Maneiras de Promover Seu Livro e Vender Mais

- E-book em 48 Horas – Como Escrever um Best-Seller de Não Ficção, Mesmo Sem Tempo

- Seu Livro no Kindle - Como Escrever e Publicar Seu Livro na Amazon

- Capas Que Vendem - Os Segredos das Capas de Livros Que Atraem

- Planejando Livros de Sucesso - O Que Especialistas Precisam Saber Antes de Escrever um Livro

- 150 Nichos Quentes – Como Identificar Segmentos de Mercado Poderosos e Lucrar com Eles

- Escrevendo Romances – Como Contar Histórias de Amor Que Apaixonam

- Escrevendo Terror – Como Contar Histórias Sobrenaturais de Arrepiar

- Escrevendo Ficção Científica e Fantasia – Como Contar Histórias de Outros Mundos

- Um Passeio pelo Bosque da Criação – A Gênese do Escritor nos Versos do Princípio

Cursos

Confira também os cursos online ministrados em: **www.eldessaullo.com/cursos**

Contatos

E-mail
eldes@lanceumlivro.com

Web
www.eldessaullo.com
www.lanceumlivro.com

Redes Sociais
facebook.com/livrosquevendem
twitter.com/eldessaullo/
br.linkedin.com/in/eldessaullo

Avalie

Eu espero que você tenha gostado deste livro. Ficarei muito feliz se você postasse uma avaliação sobre ele na Amazon. Receber avaliações me emocionam e eu estou ansioso para ler o que você pensa. Se possível, mencione que capítulo você achou mais útil e por quê. Para isto, basta acessar a página do livro na Amazon e clicar no botão "Escreva Uma Avaliação".

Envie-me o link da sua avaliação por e-mail e eu lhe enviarei uma cópia gratuita de avaliação do e-book **"O Hábito de Escrever – Como Desenvolver Foco e Determinação Para Viver da Escrita"**.

Se você tem alguma crítica ou sugestão que possa melhorar este livro ou encontrou algum erro, por favor, me envie um e-mail para eldes@lanceumlivro.com.

Você também pode me seguir no Twitter onde meu nome de usuário é **@eldessaullo**. Envie-me um tuite com o que você achou deste livro e, provavelmente, eu te seguirei de volta.

Se você gostou deste livro, será sensacional se você puder indicá-lo para seus amigos. Talvez você conheça alguém que possa se beneficiar deste conteúdo.

Um forte abraço e sucesso no seu caminho!

Muito obrigado e até a próxima!

Amor e Gratidão

www.ingramcontent.com/pod-product-compliance
Lightning Source LLC
Chambersburg PA
CBHW051900170526
45168CB00001B/180